바이블 속 경제학

바이블 속 경제학

초판1쇄 인쇄 2024년 10월 7일
초판1쇄 발행 2024년 10월 11일

저 자 윤용만
발행인 노현철
발행처 도서출판 해남

출판등록 1995. 5. 10 제 1-1885호
주 소 서울특별시 마포구 마포대로8길 9 영명빌딩 405호
전 화 739-4822 팩스 720-4823
이 메 일 haenamin30@naver.com
홈페이지 www.hpub.co.kr

ISBN 978-89-6238-190-0 03320

in the Bible Economics

성경 속 경제적 원리와 현대 경제학의 접근

바이블 속 경제학

경제학의 관점에서 읽어 낸 성경의 가르침

바이블에서 표현된 경제적 인용이나 사고 그리고 행동의 의미를
탐구하고 해석하여, 메시지를 성취해 나가는 길을 제시하다.

윤용만 지음

도서출판 해남

저자가 바이블 속 경제학에 관심을 갖게 된 것은 무척 오래전부터이다. 국제경제, 특히 국제금융을 전공하면서 강의를 할 때마다 왜 유대인은 국제금융의 중심에 서 있는가 하는 의문을 지울 수 없었다. 물론 여러 가지 이유가 있겠지만 구약성경 속의 narratives에서 단초를 발견할 수 있었다. 왜 그들은 선민사상을 갖게 되었고 타민족보다 경제적 마인드를 일찍부터 깨우쳤는지를 성경, 특히 구약을 읽으면서 조금씩 이해하게 되었다. 그래서 강의실에서도 이론만이 아니라 현실 경제에 대해서도 폭넓게 강의할 수 있게 되었다.

앞으로 전개할 내용에서도 충분히 논의하겠지만 성경 속에는 경제나 금전에 관한 구절이 2,350개가 넘는데, 이는 믿음이나 기도에 관한 구절의 두 배가 넘는다. 그리고 예수님도 금전에 관한 비유나 언급을 많이 하셨는데, 15% 정도가 금전이나 소유에 관한 말씀과 비유여서 성경의 구·신약을 막론하고 경제나 금전에 관한 비중이 큼을 알 수 있다.

이만큼 바이블에서 경제가 차지하는 비중이 큼에도 불구하고 국내에서 두 주제의 상관관계에 관한 연구가 크지 않음은 아마도 우리가 믿는 자라 할지라도 오랫동안 유교적 사고방식에 젖어 있었거나 분리원칙에 입각한 배타적이고 독자적 연구영역을 고수한 신학적 접근에 기인한 바 크다 하겠다.

저자의 크리스천 nomad의 나그네 여정은 가톨릭 서울교구의 고 김정수(레오) 신부님으로부터 세례를 받은 것으로부터 시작되었다. 이후 1987년 귀국하여 인천에서 활동할 때 모셨던 큰 형님 같으셨던 고 김병상 몬시뇰, 호인수 신부님의 야고보사도적 신앙관은 저자에게 큰 영향을 주었다. 한편, 저자가 본 연구를 본격적으로 시작한 것은 2000년경부터 여러 곳에서 신학 강의를 듣기 시작하면서였다. 지면을 빌어 청강을 허락하여 주신 아세아연합신학대학(현 아신대학)의 이한영 교수님과 성경신학대학원의 장성길 교수님께 감사를 드린다. 그리고 정년 전 마지막으로 Hebrew University 방문학자의 기회는 참으로 소중하여 본 연구에 큰 모티브가 되었다. 그때 교류하였던 많은 목회자와는 지금도 연을 이어가고 있는데 그분들 중 아직도 이스라엘에서 사역하는 정규채 목사님, 노인복지사역을 하는 조원호 목사님, 낙원제일교회 장세호 목사님, 멜기세덱 기도원의 장창근 목사님 그리고 거리찬양을 인도하였던 김용구 목사님 등은 크게 기억에 남는 분들이다. 그리고 저자가 섬기는 서울 서부 성결교회의 임채영 담임목사님, 차준희 목사님과 박제삼 목사님께 감사드리며 보스턴 성결교회의 전석훈 목사님에게도 감사의 말씀드린다. 또 과거 영성원의 장봉운 목사님의 깨우침과 현재 서남아시아에서 선교 활동을 하고 계시는 문장원 목사님의 기도에 감사드리고 다니엘 김 목사님과의 교통할 기회가 있었음에도 감사드린다. 물론 여기서 저자에게 영향을 준 모든 분들을 일일이 열거할 수는 없지만 알게 모르게 가르침과 도움을 주신 많은 교역자 여러분께 감사의 마음을 전한다. 그리고 새로운 매체로 만나 뵙는 김진홍 목사님과 한규삼 목사님께도 감사의 말씀을 드린다. 아침묵상에서 김진홍 목사님은 바이블 속 경제학의 필요성을 신학의 한 주제로 강조하셨던 기억이 있고, 현재 충현교회를 담임하고 계신 한규삼 목사님은 저자가 미 동부를 방문할 때마다 주일예배에 참석하였던 뉴저지 초대교회를 담임하셨는데 본서를 출간하는 단초를 제공해 주셨다. 그리고 정년 후 2021년부터 머무르고 있는 보스턴의 Boston College 신학대학 도서관은 원고를 집필하고 정리하는 데 큰 도움이 되었다. 도서관은 사립이건 공립이건 공공재로서 만인의 공동 재산이 되어야 한다는 생각을 다시 한번 하게 되었다. 정말 훌륭한 기회를 제공한

Boston College에 감사할 따름이다.

이렇듯 조그만 책을 엮는 과정에서도 보이지 않는 많은 도움을 받았기에 힘을 합해 선을 이루는 것처럼 이 결과물도 만인의 공유물로써 저자가 아닌 편자로 기록되고 싶은 마음뿐이다. 앞으로 다른 동학이나 후학께서도 제2, 제3의 편자가 되어 바이블 속 경제학 연구가 지속되기를 바란다. 이 책은 앞서 언급하였듯이 저자의 나그네 신앙 여정의 일부인데 앞으로도 힘닿는 데까지 정진하여 나름 겨자씨의 역할을 할 수 있으면 하는 기대를 가져본다. 끝으로 기꺼이 출판을 맡아준 도서출판 해남의 노현철 사장님과 편집실 여러분에게도 깊은 감사의 뜻을 전한다.

2024년 가을

부록

CHAPTER 1

들어가는 말

경제학과 성경의 주제를 통합하여 논의하는 것은 참으로 난해한 문제임에 틀림없다. 특히 어느 한쪽의 전문가, 예를 들어 경제학자나 성직자의 입장에서 보면 서로를 이해하고 논의를 풀어가는 것은 대단히 어려운 작업이 될 것이다. 저자도 그런 면에서 마찬가지이다. 아니 한 걸음 더 나아가 경제학자인 저자가 일천한 바이블 지식을 가지고 성경 속 경제학을 논의하는 자체가 꼭 망망대해의 일엽편주와 같은 모습일 것이다. 깊고 심오한 하늘의 영역에 작은 스크래치 정도를 내는 것이라고나 할까 … 그래도 이렇게 두 영역을 통합하여 논의를 시작하게 된 것은 평신도로서 성경을 대할 때마다 성경 속에서 무궁한 경제적 또는 경제학적 의미를 접하였기 때문이다. 물론 성경이 의미하는 바가 조물주가 창조한 대로 인간 우선주의에 입각하였기 때문이라고 생각된다. 성경이 우리에게 주는 메시지 가운데 큰 의미인 '서로 사랑하라'라는 교훈은 우리 주변에 소외된 이들에 대한 관심과 사랑일 것이다. 그리고 이러한 관심을 행동으로 옮기기 위해 자연히 우리는 초점을 인간의 경제적 행위에 맞추어야 하는데, 성경 속에서 경제적 인용이나 사고 그리고 행동은 필수적이므로 두 영역(정확히 표현하면 경제학이 바이블의 하부 구조로서)의 공통부분을 찾아 나서게 된 것이다.

나아가 바이블에서 의미하는 경제적 의미를 알아보고 바이블이 제시하는 메시지를 해석하며, 궁극적으로는 그 메시지를 성취해 나가는 작업을 다루었다.

이러한 맥락에서 현대 경제학의 경제 사상과 바이블에서 전개하는 사랑의 실천과 하나님 나라의 건설에 어떤 이론이 비교적 가깝게 부합하는지를 살펴보았다. 우선 기존 경제학의 경제 사상과 바이블의 접합점에 대해서 논의를 진행하였다. 즉, 애덤 스미스로 대표되는 고전학파 이론과 케인스의 이론, 그리고 막스 베버의 이론까지 우리가 추구하는 하나님 나라의 구축에 어떤 이론과 사상이 근접하는지를 간단히 살펴보도록 하자. 물론 본서가 학문적으로 깊이 있게 경제 사상사나 이론을 다루는 전문서가 아니고 목회자나 평신도 일반인을 위한 서적이므로 이론 전개에 따른 무리함과 난해함을 최소화하여 논의를 전개할 것이다.

바이블에서 이르기를 '가난하고 고통받는 사람들을 위한 상호 배려는 영원한 것이다'라고 가르치고 있다. 즉, 성경의 주제는 모든 공동체의 독특한 형식적 특성인 공동체를 움직이는 상호 사랑에 기인한다 하겠다. 이러한 상호 배려의 자세와 태도는 고통받는 자들을 돌보라는 훈계에서부터 불의에 대한 예언적 정죄, 마지막으로 복음서의 내적 요구에 이르기까지 성서 전반에 걸쳐 분명하게 나타나고 있다. 따라서 본서는 우선 구약에서의 연대와 구제를 통한 긍휼과 관련된 이야기를 중심으로 구성하였다. 구약에서는 사람들의 서로에 대한 존중과 관심이 시장에서 상호 작용하는 방식으로 분명하게 드러난다. 세금 징수, 무이자 대출, 부채 탕감, 토지 반환에 관한 구약성경의 규례 또는 법은 선택받은 사람들에게 서로를 돌보는 법을 가르친 사회적 메커니즘이었다.

그리고 신약에서 경제 활동은 사회적 관계를 표현하고 하나님 앞에서 서로 다른 집단의 상대적 가치에 대해 논하는 것이었다. 이에 대한 예는 그리스-로마 시대의 후원 관행에 대한 신약성경의 책망과 유대(코이노니아)를 바탕으로 한 예수님의 가르침에서 찾을 수 있다. 포도밭 주인이 어떻게 하루의 마지막 시간까지 광장에서 실업자들을 계속 고용하고, 그들의 기여에 상관없이 모두에게 똑같이 하루치 임금을 지불하였는지를 떠올려 보라(마 20:1-16). 이같이 신약에서는 후원도 중요하지만 펠로우십(fellowship)이 구휼에 더 큰 역할을 하였음을 알 수 있는데, 이러한 관점에서 논의를 보다 상세히 전개하였다.

그리고 바이블에서 표현한 구체적 경제 행위와 활동에 대해서 특징적인 사례들을 인용하여 논의하였다. 달란트와 므나의 비교, 매튜 효과 등 비교적 잘 알려진 주제부터 조건부 번영의 신성한 질서, 황금만능 시대를 넘어서 그리고 모두에게 충분함, 지속적 성장과 같은 각론적 주제를 다루었다.

참고로 본문 중 성경 구절을 인용할 경우 저자가 수많은 서적과 논문에서 느낀바, 간단히 성경 구절을 괄호로 표시한 경우가 많아 성경 내용은 빼고 본문만 읽은 경우가 대부분이었다. 따라서 본서에서는 독자 여러분이 조금이라도 성경 말씀에 가까이 다가가기 위해 가급적 긴 구절이 아닌 경우 성경 말씀 전체를 내용과 함께 소개하였음을 밝힌다.

마지막으로 부록에서는 성경 구절을 주제별로 정리하여 설교나 강론을 준비하는 사역자 그리고 일반 독자에 이르기까지 성경 속 말씀이 어디에 해당하는지에 대한 좋은 참고가 될 수 있도록 정리해 놓았다. 그리고 일반 독자를 고려하여 참고 성경은 현대인의 성경 본문을 인용하였다. 아무쪼록 부록을 통해 단편적이지만 성경 속에서 예화가 되었건 성경 속 인물들이나 사도들의 발언이 되었건 많은 경우 경제와 경제학과 관련되었다는 것은 믿는 자이건 믿지 않는 자이건 간에 하나님의 뜻이 얼마나 많이 인간의 경제적 행위와 연관이 있음을 시사해 주는 바가 크다고 할 수 있다.

여하튼 일반 독자는 물론 신자나 사역자에게도 본서가 성경에 다가가고 이해하는 데 조그만 도움이 되었으면 하는 바람이다.

CHAPTER 2

경제 사상과 기독정신

1. 애덤 스미스와 기독정신
2. 케인스와 기독정신
3. 막스 베버와 기독정신

이 장에서는 우선 인류 역사를 통해 쌓여 온 경제 사상을 중심으로 형성된 이론이 어떻게 기독정신과 연결되는지, 아니면 어느 정도 부합되는지 논의해 보도록 하자. 들어가는 말에서도 언급하였듯이 일반 독자의 시각에서 경제 사상과 이론을 전개하여 논의 전개에 따른 난해함을 최소화하였다. 우선 애덤 스미스(Adam Smith)로 대표되는 고전학파의 논지를 소개하고 존 메이너드 케인스(John Maynard Keynes)의 경제 이론과 사상을 중심으로 현대 경제학이 주는 기독정신과의 함의를 찾아보자. 그리고 서구 자본주의 사상에 기독교 사상이 바탕이 되었다는 이론을 도입, 자본주의 변천을 설명한 막스 베버(Max Weber)의 이론에 대해서도 살펴보자.

1. 애덤 스미스와 기독정신

현대 경제학의 아버지로 불리는 애덤 스미스는 『국부론』(1776)을 집필하였다. 10년에 걸쳐 완성한 이 책의 원제는 '국부(國富)의 성질과 원인에 관한 연구'(An Inquiry into the nature and causes of the Wealth of Nations)이며, 1759년에 발간된 『도덕감정론』(*The Theory of Moral Sentiments*)의 제4부 "경제학"을 발전시켜 완성한 것으로 알려져 있다.

『국부론』에서 스미스는 부의 원천은 노동이며, 부의 증진은 분업

(specialization)을 기초로 한 노동생산력의 개선으로 이루어진다고 주장하였다. 그는 분업과 이에 수반하는 기계의 사용을 위해서는 자본의 축적이 필요하며, 자유경쟁에 의해서 자본축적을 이루는 것이 국부 증진의 정도라고 설명하였다. 또한 이기심(self-interest)은 인간의 행복 실현을 위해 신이 내려준 수단으로서 비능률·불합리를 제거하는 요소이자 국부의 원동력이라고 주장하였다.[1] 스미스는 자신의 이익을 추구하는 사람들의 주체적 행동이 각자의 이해에 따라 '보이지 않는 손'(invisible hand)에 이끌려 국부 증진과 생산력 향상이라는 사회적 결과를 가져오게 된다는 것을 밝히려 하였다.

스미스나 데이비드 흄(David Hume)과 같은 동시대 사람들의 사고에 기독교 사상이 영향을 미쳤으리라는 생각은 대부분 받아들일 것이다. 스미스가 신앙생활을 공식적으로 하였다는 기록은 거의 없으나 그 시대에는 기독교가 오늘날 서구 세계에서 우리가 알고 있는 것보다 더 널리 퍼져 있고 더 중심적이었음은 분명한 사실이기 때문이다. 중요한 것은 지적 생활이 지금보다 훨씬 더 통합되었다는 것이고, 과학·인문학과 더불어 신학 또한 활발한 논의의 대상이었다. 특히 스코틀랜드에서는 이러한 지적 활동이 더 잘 통합되어 있

1 그러나 스미스는 『도덕감정론』에서 "인간이 아무리 이기적이라고 생각하더라도, 인간의 본성에는 다른 사람의 행운에 관심을 갖고 그들의 행복을 꼭 필요로 하는 몇 가지 원칙이 있다는 것은 분명하다"고 피력하였다. 그리고 인간 행동을 지배하는 원칙은 자비와 호의를 사랑하는 것이며 인간은 이성적인 행위자가 아니고 주로 감정에 따라 움직인다는, 『국부론』에서 주장한 이기심과 약간 상반된 주장을 펼쳤다.

었다. 스미스와 그의 동료 도덕 철학자들은 당시 100명이 넘게 참여한 지식인 토론 모임인 명사회(Select Society)에서 교류하였는데, 1750년대 에든버러의 토론클럽과 1760년대 초 스미스, 흄, 애덤 퍼거슨(Adam Ferguson) 등 당시 스코틀랜드의 저명한 인물 중 많은 경우 교회와 연관되어 있었다. 예를 들어, 에든버러에서 도덕 철학 의장을 겸임한 퍼거슨과 스코틀랜드 교회의 온건파의 지도자이자 에든버러 대학의 총장이기도 한 윌리엄 로버트슨(William Robertson) 등을 꼽을 수 있다. 스미스 자신도 글래스고에서 도덕 철학 교수로서 자연 신학을 가르쳤고, 그 이전에는 글래스고 장로회[2]에 칼뱅주의 신앙 고백에 대한 동의를 공개적으로 제출하였다.

『국부론』에서의 신학은 전적으로 '자연 신학', 즉 '신성한 경전에 기록되어야 할 신자들에 의해 추정되는 계시'에 의존하지 않고 자연에 대한 연구만으로 도달한 하나님에 대한 추정 지식으로 나타나고 있음을 추론할 수 있다. '자연'은『국부론』에서 대부분 목적을 위해, 그리고 목적을 가지고 존재하며, 그 목적의 일부는 인간 복지의 증진이었다.

『국부론』에 '예수님', '그리스도' 또는 '아들'(예: Minowitz[3])에 대한 언급이 없다는 사실에 대해 최근 일부 학자들은 스미스가 기독교와 별 관계가 없다고 주장하였다. 그러나 스미스에 많은 영향을 미

2 Ross(1995).
3 Minowitz(1993).

친 아이작 뉴턴(Isaac Newton)의 『프린키피아』(*Principia*)에서도 기독교적인 언급은 없었다. 그렇다고 해서 누구도 뉴턴의 연구를 '무신론적 과학'으로 묘사하지는 않는다.[4] 앞서 언급하였듯이, 스미스는 도덕학 교수로서 자연 신학을 가르쳤으며, 글래스고 노회에서 칼뱅주의 신앙고백에 공개적으로 동의하였다. 또한 스미스는 "과학은 미신과 열정의 독에 대한 위대한 해독제"라고 선언하였다. 여기서 '미신'은 가톨릭을 의미하였으며, '열정'은 일반적으로 성령에 의한 직접적인 조명을 주장하는 모든 종파의 종교를 의미하였는데, 18세기 영국에서는 특히 감리교와 관련이 있었다.[5] 그 시대의 성공회 신성은 미신과 열광의 오류에 대한 경고와 반박으로 가득 차 있었으며, 이 문제에서 온건파 스코틀랜드 교회의 입장은 영국 교회의 입장과 비슷하였다.

여기서 신학적 접근 방법이 경제 문헌을 연구하는 유일한 방법 또는 유일한 올바른 방법이라고 제안하려는 의도는 없다. 단지 '경제학의 수사학'이라는 안경을 쓰면 '경제 신학'이 처음부터 우리와 함께 하였다는 것을 알 수 있다는 것이다. 물론 경제학은 사회 과학이다. 그러나 그것은 경제학이 또한 신학일 가능성을 조금도 배제하지 않으며 실제로는 정반대일 수도 있다. 설교자로서의 경제학자는 사실을 확신할 필요가 있으며, 경제학이 과학적일수록 신학으로

4 Minowitz(1993).
5 Waterman(2002).

서의 가치는 높아질 수 있기 때문이다.

여하튼 스미스가 『국부론』에서 말하고자 하였던 노동의 분화와 보이지 않는 손에 의한 자유방임적인 시장경제가 현대 경제학을 이해하는 데 커다란 초석이 되었음은 의심의 여지가 없다. 그러나 노동의 분화로 생산성을 향상시키고 생산 증대를 이루었지만, 인간을 비인격화하고 노동을 단지 생산 수단으로 치부하는 위험을 내포하고 있었다. 이러한 현상이 자유방임적 인간의 이기주의와 결합될 때 나타나는 부작용은 시장의 실패뿐 아니라 가진 자와 가지지 못한 자, 또는 능력자와 무능력자의 괴리를 줄일 수 없게 시스템이 운용되는 위험한 상황에 놓일 수도 있다. 스미스가 주장하는 작은 정부에서는 소외되고 힘이 약한, 이른바 성경에서 지적하는 고아, 과부, 장애인, 나그네와 같은 사람은 무방비로 삶의 위험에 노출될 수 있다. 따라서 자연 시장의 실패를 치유하고 사회복지를 증진시키기 위해 정부의 역할이 커질 수밖에 없어 사회주의 방식의 시스템이 나타나게 된 것이다. 그러나 세상에는 인간이 고안한 어떠한 완벽한 시스템도 있을 수 없으므로 우리가 말하는 엄격한 사회주의나 공산주의가 아닌 자본주의 시스템 내에서의 사회주의라 칭할 수 있는 케인스 경제학이 대두하게 된 것이다.

2. 케인스와 기독정신[6]

생산성의 기술적 향상이 경제적 진보를 이루어 사람들이 보편적으로 경제적 안정을 누릴 수 있게 할 것이라는 믿음은 19세기에 매우 영향력이 컸고, 존 스튜어트 밀(John Stuart Mill)과 카를 마르크스(Karl Marx)와 같은 다양한 사상가들에 의해 지지되었다.[7] 보편적인

6 Andrews(2017).

7 초기 기독교도들은 천국이 곧 도래할 것이라고 확신하였다. 그러나 천국이 도래할 때까지 '세상의 도시'는 지속되어야 하였다. 하나님은 사람들이 죄악으로 가득한 세상에서 긴 시간을 살아야만 하도록 계획하신 듯하였고, 사람들은 이런 불운한 상태를 최대한 견디는 수밖에는 달리 도리가 없는 듯하였다. 그러나 근대에 과학이 발달하면서 사람들은 자기 힘으로 세상을 변화시킬 수 있다는 생각을 하게 되었다. 계몽 시대 이후 사람들은 자연뿐만 아니라 사회도 과학으로 완전히 이해할 수 있다고 확신하게 되었다. 하나님만이 소유할 수 있는 지식을 사람들도 가질 수 있다는 확신이 생겼다. 마침내 사람들은 스스로 노력하면 지상에 천국을 건설할 수 있다고 믿게 되었다. 이런 조짐은 특히 경제 영역에서 두드러졌다. 구원은 내세에서가 아니라 바로 이곳에서 사회 개혁을 통해 이루어져야 하였다. 조너선 에드워즈(Jonathan Edwards)의 1739년 후(後)천년설(요한계시록 20:4) 설교는 미국 사회 개혁의 단초(端初)가 되었다. 천 년에 걸친 '사회 개혁'을 위한 '청산'이 이루어진 다음에야 비로소 '산 자와 죽은 자'에 대한 그리스도의 심판이 임한다는 것이었다. 후천년설은 그리스도인들이 갖고 있던 종말 의식이 사회 개혁을 위한 적극적 노력, 세상을 개선하려는 노력으로 전환되게 하였다. 중세 신학에서 제시한 '낙원'이 세상의 종말과 함께 하루아침에 도래하기를 꿈꾸는 것이 아니라, 신중하게 자본주의 방식으로 천 년에 걸친 점진적 개혁을 통해 천국이 지상에 도래하도록 노력하는 것이었다. 20세기 초반에만 해도 물질적 궁핍만 해결된다면 범죄, 전쟁, 마약, 증오, 자살 등과 같은 문제가 사라질 뿐만 아니라, 인간의 영혼도 고양(高揚)되리라는 기대가 있었다. 결핍으로 인간이 어려운 현실에 직면하게 되었다면, 경제성장은 이를 해결하는 수단이 되었다. 특히 미국에서는 19세기 말부터 20세기 초 후천년

경제 안보는 본질적으로 보람이 없는 일에 손실되는 시간을 줄이면서 더 많은 여가를 위한 기회로 그들에게 받아들여졌다. 마르크스와 밀은 여가가 사람들이 신체적으로 그리고 정신적으로 스스로를 발전시킬 수 있도록 의식적이고 자유로운 방식으로 선택될 것이라고 가정하였다. 그러나 이 전환이 어떻게 달성될 것인지에 대해서는 서로 의견이 달랐다. 밀은 그것이 사회의 자연스러운 진보에서 일어날 것이라고 주장하였으나, 마르크스는 이 변화를 이끌어 내려면 인간의 목적적인 행동이 필요하다고 생각하였다.

케인스는 더 나은 사회를 향한 진보가 진행되는 방식의 양면성을 보여 주지만, 앞으로 올 더 나은 세상은 진정한 세계이고, 현재의 상황은 일탈이라는 모리스 돕(Maurice Dobb)의 견해를 공유하였다. 소유물로서의 돈에 대한 사랑은 정신 질환으로 인식하였으며, 사회생활을 지배하는 탐욕과 이기심은 긍정적인 자질로 여겼지만 사실 이것도 치명적인 오류라고 여겼다.

1944년 케인스는 프리드리히 하이에크(Friedrich Hayek)에게 보낸 『농노로의 길』(*The road to serfdom*, 1944) 출판에 대한 편지에서 돕의 관

설의 영향으로 '사회적 기독교도'가 등장하였고, 진보적 프로테스탄트 운동으로 구원 신학이 '인간 삶의 개선' 신학으로 대체되었다(McCloskey, 2016). 미국의 '개혁 시대'(1890-1920)에는 효율이 새로운 '복음'이 되었다. 시장이 원활하게 작동하고 효율적인 자원배분이 이루어지면 지속적인 성장이 가능하므로 시장은 '구원'에 이르는 통로라는 믿음이 팽배해졌다. 이러한 믿음은 적어도 '개혁 시대의 계획경제'가 실패하고, 이와 함께 지상천국에 대한 기대가 무산될 때까지 지속되었다(이홍구, 2020에서 인용).

점을 다시 언급하였다. 즉, 케인스가 종교적 이미지를 불러와 핵심 문제가 정치나 제도가 아니라 제도를 구성한 인간의 도덕성에 있다고 주장하는 편지 내용의 일부를 인용하면 다음과 같다.

> "나는 우리가 원하는 것은 계획이 없거나 심지어 덜 계획된 것이 아니라고 말해야 하며 사실 우리가 거의 확실히 더 많은 것을 원한다고 말해야 한다. 하지만 계획은 가능한 한 많은 사람들, 지도자들과 추종자들 모두, 전적으로 가능한 한 많은 사람들이 있는 공동체에서 이루어져야 하며 자신의 도덕적 위치를 공유해야 한다. 그들은 그 열매를 즐기기 위해 계획을 세우는 것이 아니라 도덕적으로 당신의 생각과 정반대이기 때문에 하나님이 아니라 악마를 섬기고 싶다고 말할 수 있다. … 아니, 우리가 필요로 하는 것은 올바른 도덕적 사고의 회복이다. 우리의 사회 철학에서 적절한 도덕적 가치들 … 위험한 행위는 올바르게 생각하고 느끼는 공동체에서 안전하게 할 수 있으며, 잘못 생각하고 잘못 느끼는 사람들에 의해 실행된다면 지옥으로 가는 길이 될 것이다."

편지에서 케인스는 더 이상 기다릴 의향이 없다고, 어느 정도의 경제 계획을 통해 더 나은 세상을 적극적으로 건설해야 한다고 주장한다. 그는 그러한 계획이 안전하게 수행되기 전에, 우리가 '올바른 도덕적 사고'로 돌아가는 것이 필요하다고 주장하였으며, 그가 극복할 수 있다고 생각한 문제는 정책을 결정하는 일부 사람들이 사회 전체의 이익에 봉사하기보다는 탐욕스럽게 자신의 이익을 추구하고 있다는 것이었다. 따라서 케인스는 명시적으로 탐욕이 더 이상 사회적 승인을 받지 못할 종교적 가치들과 같은 도덕적인 변화를 요구하였다.

이러한 논의는 오늘날 특히 중요해졌다. 신자유주의 정책이 불평등을 증가시키고 경제 안보를 감소시켜 사회 불안을 조장함과 동시에, 전 세계적인 경제 문제의 해결책이 근본적으로 생산의 기술적 문제가 아니라는 것이 점점 분명해지고 있다. 밀이 예상한 원활하고 평화로운 전환은 이루어지지 않았지만, 마르크스가 필요하다고 믿었던 힘의 사용에 반대하는 강력한 도덕적, 정치적, 경제적 이유가 있었다. 케인스는 폭력이 없는 도덕적 사회주의, 개성과 자유를 보호하는 사회주의라는 세 번째 대안을 제시하였다.[8]

8 케인스의 성경에 대한 언급은 다음의 에세이에서도 찾아볼 수 있다.
… 창조 이후 처음으로 인간은 짓눌렸던 경제적 걱정으로부터의 자유와 과학과 복합적 관심으로 얻게 될 여가를 어떻게 현명하고, 행복하게 누릴 수 있을 것인가 하는 현실적이고 항구적인 문제에 직면하게 될 것이다.
목적이 있고 열심히 돈을 버는 사람들은 우리 모두를 그들과 함께 경제적 풍요의 품으로 안내할 수도 있다. 그러나 생명을 유지하고, 삶의 기술 자체를 더욱 완전하게 배양하고, 삶의 수단을 위해 자신을 팔지 않는 사람들은 장차 풍요를 누릴 수 있는 사람들이 될 것이다. 그러나 우리는 노력하고 즐기지 못하도록 너무 오랫동안 훈련을 받았기 때문에 두려움 없이 여유와 풍요의 시대를 기대할 수 있는 나라나 국민은 없다고 생각한다. 특별한 재능이 없는 평범한 사람이 자기 자신을 독점한다는 것은 두려운 문제인데, 특히 그가 더 이상 토양이나 관습, 전통 사회의 사랑받는 관습에 뿌리를 두고 있지 않은 경우에는 더욱 그러하다. 오늘날 세계 어느 곳에서나 부유층의 행동과 성취를 판단해 보면 전망은 매우 암울하다 하겠다. 이들은 말하자면 우리의 선봉대, 즉 나머지 우리를 위해 약속의 땅을 정탐하고 거기에 진을 치고 있는 사람들이다. 그러나 그들은 대부분 처참하게 실패하였기 때문에 독립적인 수입은 있지만 유대나 의무 또는 관계가 없는 사람들이 자신들에게 주어진 문제를 해결해야 할 것 같다.
나는 우리가 종교와 전통적인 미덕의 가장 확실한 몇 가지 원칙, 즉 탐욕은 악이고, 고리대금을 강요하는 것은 범죄이며, 돈을 사랑하는 것은 가증하다는 것, 내일을 위해 최소한의 생각만이라도 하는 미덕과 건전한 지혜의 길이 필요하다 하겠다. 그리하면 우리는 다시 한번 가치가 수단보다 앞서고 유용한 것보다 선을 더 선호하

3. 막스 베버와 기독정신

20세기 초 독일의 막스 베버는 조금 독특한 시각에서 서구 자본주의의 변천을 기독교 정신에서 찾았다. 그는 자신의 책 『프로테스탄트 윤리와 자본주의 정신』(*The Protestant Ethic and the Spirit of Capitalism*)에서 서구 자본주의 사상에 기독교 사상이 바탕이 되었다는 이론을 도입하여, 자본주의 변천을 설명하고자 하였다. 이 책은 원래 논문으로 1904년과 1905년에 두 차례로 나뉘어 발표되었는데, 베버의 사후 3권으로 출판된 『종교사회학 논문집』 제1권(1920) 첫 부분에 실려 지금과 같은 내용과 형식을 갖게 되었다.

베버에 의하면, 근대 시민계급은 종교적인 측면에서 프로테스탄티즘이라는 종교 개혁을 수용한 사람들이었다. 프로테스탄티즘은 금전 추구라는 인간의 기본적인 욕망에 윤리적인 통제를 가함으로써 재산을 낭비하는 일을 절제하고 최선을 다해 일하고 금욕하는 것을 윤리적인 것으로 보았으며, 이렇게 얻은 자산은 신앙의 진실성을 나타낸다고 보았다. 이는 재산의 획득을 윤리적으로 정당화하여 결과적으로 자본주의의 발전에 일조하는 것으로 보았다. 이와 같이

게 될 것이다. 또한 우리는 시간을 선하게 잘 사용하는 방법을 가르쳐 줄 수 있는 사람들, 사물에서 직접 즐거움을 누릴 수 있는 유쾌한 사람들이 되어 수고도 하지 않고 길쌈도 하지 않는 들판의 백합을 존경하게 될 것이다(Keynes, 1963).

소명으로 주어진 직업에 최선을 다한다는 청교도적 세계관은 자본주의 정신을 더욱 강화하는 것으로 베버는 보았다.

베버는 자본주의 정신의 뿌리로 16, 17세기의 종교 개혁과 금욕적인 프로테스탄트 윤리, 특히 칼뱅주의를 지적한다. 칼뱅주의는 인간의 운명은 태초부터 정해진 대로 살아갈 수밖에 없으며, 직업 노동과 부의 추구를 신의 섭리로 받아들일 때 구원이 가능하다는 점을 강조하였다.

이렇듯 베버는 프로테스탄트의 노동 윤리에 처음으로 관심을 가졌다. 그는 종교 개혁에 수반되는 경이적인 경제성장, 사회적 이동성 및 문화적 변화를 연구하였으며, 자본주의의 부상에 대해 종교 개혁을 인정하기까지 하였다.

그러나 그는 일반적으로 종교는 다른 세계에 속한다고 언급하였으며, 종교 개혁의 소명(부르심) 교리는 이 세상에서 실천되어야 한다고 가르쳐 직업의 성경적 의미를 완전히 이해하지 못한 것으로 이해될 수도 있다. 그는 초기 프로테스탄트들이 그들의 구원에 대한 증거를 쌓기 위해 열심히 일했다고 생각하였다. 그러나 초기 개신교인들은 구원이 오직 그리스도를 통한 하나님의 은혜로 이루어진다고 믿어 그들의 행위와 아무 상관이 없음을 누구보다 잘 알고 있었다.

베버는 또한 초기 프로테스탄트가 금욕주의자라고 가정하였다. 그들의 근면은 필연적으로 많은 돈을 벌게 하였지만, 도덕적 양심의 가책 때문에 적어도 세속적 쾌락을 위해 돈을 쓰지는 못하였다고 그는 지적하였다. 그래서 초기 프로테스탄트들은 돈을 모아 은행에 예치하고 투자하였으며, 그 결과 돈을 자본으로 전환하여 자본주의를 만들었다고 보았다. 그러나 최근 연구에 따르면 초기 개혁가들은 '청교도'라는 고정관념에도 불구하고 특별히 금욕적이지 않았으며, 이는 그들이 반대하는 중세 가톨릭 신자를 더 잘 묘사하는 특성이기도 하였다.

그러나 베버는 소명 교리의 변화시키는 힘을 이해하고 있었다. 중세 천주교는 영적 완전성은 독신 생활, 청빈, 그리고 더 높은 영적 삶을 영위하는 폐쇄된 수도원에서 찾을 수 있다고 가르쳤다. 그러나 종교개혁가들은 가족생활, 생산적인 노동, 문화적 참여의 영적 차원을 강조하였다. '소명'은 단순히 '소명'을 뜻하는 라틴어이며, 마르틴 루터(Martin Luther)에 따르면 하나님은 우리 각자를 다양한 임무와 관계로 부르신다고 말하였다. 우리는 가족(결혼, 부모 역할), 직장(생계를 유지하는 방식에서 다양한 재능 발휘), 사회 활동에 다양한 소명을 가지고 있다. 교회 안에서도 소명(목사, 장로, 집사, 교인)이 있지만 영적인 삶을 주로 교회와 교회 활동으로만 영위하는 것은 아니다. 오히려 교회에 나올 때 우리는 세상에서 그리고 직업에서 지은 죄에 대한 용서를 구하고 반성하기 위해 예배에 참여하곤 한다. 교회 활동 특히, 말씀과 성례전 등을 통해 우리는 믿음을 회복하고 믿음이 다시 강해짐을 느끼게 된다. 그런 다음 우리의 믿음은 우리가 가정, 직장, 사회에서 우리의 소명으로 다시 보내질 때 열매를 맺게 되는 것이다.

한편, 루터는 직업이 우리가 하는 일에 관한 첫 번째가 아니라고 강조하였다. 오히려 그것은 하나님이 우리를 통해 하시는 일에 관한 것이라고 보았다. 하나님은 오늘날 일꾼들의 소명을 통해 우리에게 일용할 양식을 주시며, 가정의 소명을 통해 새 생명을 창조하시고 돌보신다고 하였다. 그리고 하나님은 로마서 13장의 '칼을 가진' 사람들의 소명(공권력)을 통해 우리를 보호하고 계시며, 주로 기적을 통해서가 아니라 의료 직업의 소명을 통해 치유를 가져오신다고 보았다. 그뿐만 아니라 하나님은 교사를 통해 가르치시고, 설교자를 통해 말씀을 전하시고, 엔지니어를 통해 기술의 축복을 주시고, 예술가를 통해 아름다움을 창조하신다고 하였다. 이같이 하나님은 날마다 우리를 위해 일하는 모든 사람들을 통해 일하시고 계시며, 또한 하나님께서 우리에게 하라고 부르신 모든 일과 직분을 통해서도 역사하고 계신다고 보았다.

이같이 부르심의 교리는 우리의 일상생활과 세속적인 활동에 영적인 의미를 부여하며, 이를 탁월하게 수행하도록 하는 강력한 동기가 된다. 그러나 소명에는 종종 간과되는 또 다른 차원이 있다. 우리는 하나님의 영광을 위해 우리의 소명을 완수하려고 할 것이다. 그러나 정확히 어떻게 하나님께 영광을 돌릴 것인가? 즉, 하나님은 어떻게 하나님을 영화롭게 하라고 우리에게 명령하는가?

중세 가톨릭도 하나님을 영화롭게 하는 것에 대해 많이 언급하였다. 예수님회는 '하느님의 더 큰 영광을 위하여'를 좌우명으로 삼았으며, 종교재판은 신의 영광을 위해 프로테스탄트를 화형시키기도 하였다.

루터는 우리의 직업이 하나님을 위해 수행하는 일이 아니라고 강조하였다. 그는 말하였다. "하나님은 우리의 선행을 필요로 하지 않으신다. 하지만 우리 이웃은 선행을 필요로 한다." 수도자들은 그들이 선행으로 구원받았다고 주장하였지만, 루터는 스스로 선택한 신비적 행위가 다른 사람들과 격리되어 수행되는 것조차 선행이라고 부를 수 있다고 부인하였다. 그는 물었다. "당신은 누구를 돕고 있습니까?" 선행은 이웃을 돕는 것이고, 도움은 주로 우리의 부름에서 수행된다고 그는 주장하였다.

하나님과 우리의 관계는 우리 자신의 일이 아니라 전적으로 하나님의 일에 근거한다. 하나님의 은혜는 예수 그리스도의 삶과 죽음과 부활에 있는 우리의 구속에 관한 것이다. 하나님은 이웃을 사랑하고 섬기라고 우리를 부르신다. 그러나 우리는 그리스도로부터 "너희가 여기 내 형제 중에 지극히 작은 자에게 한 것이 곧 내게 한 것이니라"(마 25:40)는 것을 배운다. 따라서 우리가 이웃을 사랑하고 섬길 때 비로소 우리는 그리스도를 섬기는 것이다.

CHAPTER 3

연대와 구제

1. 규례
2. 가장 중요한 원칙: 구제
3. 호혜정신
4. 모든 사람의 의무인 구제
5. 가난한 사람들을 위한 보살핌의 규례화
6. 회복과 독립의 근접한 목표
7. 예언적 정의

성경에서는 '가난하고 고통받는 사람들을 위한 상호 배려는 영원한 것'이라고 가르치고 있다. 즉, 성경의 주제는 모든 공동체의 독특한 형식적 특성이 공동체를 움직이는 상호 사랑에 기인하고 있다. 이러한 상호 배려의 자세와 태도는 고통받는 자들을 돌보라는 훈계에서부터 불의에 대한 예언적 정죄, 그리고 마지막으로 복음서의 내적 요구에 이르기까지 성서 전반에 걸쳐 분명하게 나타나고 있다.

1. 규례

경제생활에 관한 구약의 규례는 우리의 기대와 달리 체계적이지 않고 무작위로 열거되어 있는 것처럼 보여 경제적 가르침에 별다른 이유가 없다는 인상을 받게 된다. 그러면서 경제적으로 해야 할 일과 하지 말아야 할 일을 단순히 구분 짓는 것처럼 보인다. 그러나 좀 더 자세히 살펴보면 이러한 경제 원칙들이 도덕적으로 올바른 경제생활을 위한 일관된 해결책으로서 생각보다 구체적임을 알 수 있다.

우선 이 규례들은 군주제 이전 시대(언약 강령의 일부)부터 기원전 7세기 개혁(신명기 강령), 그리고 마지막으로 유배 후 성결 강령의 완성에 이르기까지 수 세기에 걸쳐 쓰였다. 게다가 각각의 법전 모음은 다른 전통에 의해 뒷받침되었다. 근본적으로 다신교적 단계에서, 하느님의 고유 명칭인 야훼적 단계에서의 야훼스트(J), 언약 강령을 중시하는 엘로히스트들(E), 신명기 개혁가들(D), 성결 강령을 위한 제관(P) 등 각기 다른 전통 속에서 자신들만의 의제를 가지고 있었다. 하지만 이러한 이질적인 전통과 차이에도 불구하고 경제적 도덕성에 대해서는 유사한 견해를 가지고 있었다. 이 유사성에 대한 수렴 현상에 더 자세히 살펴보도록 하겠다.

2. 가장 중요한 원칙: 구제

가난한 사람을 구제하는 것은 경제 법령을 뛰어넘어 그들이 공유하는 더 큰 목표였다.

구약의 경제 규범은 어려운 상황에 처한 사람들, 특히 소외되거나 도움이 필요한 사람들에게 위로와 배려를 제공하였다. 이러한 내용은 히브리 율법의 특징으로서 두드러졌다. 이스라엘의 다양한 빈곤 문제를 해결하고, 궁핍을 완화하며, 삶의 기회와 생명, 재산의 안전을 보장하는 조항, 상업 거래의 정직성 및 가족 관계의 보호 등은 대부분 고대 근동(Ancient Near East, ANE) 법률 문헌에서도 찾아볼 수 있다. 그러나 눈에 띄는 것은 구약의 율법이 가난한 사람들, 이방인, 과부, 고아 등 사회적으로 약한 사람들을 돌보고 있는 것이다.

이는 선택된 백성으로 선출된 이스라엘의 공식적 특징이었다. 이러한 사회적 약자들에 대한 능동적이고 진정한 관심은 이스라엘의 자아정체성을 형성하는 데 중요한 역할을 하였다. 현대적 용어를 사용하여 당시를 표현하면 '잘 발달된 사회 복지 시스템' 또는 '간접 소득 이전 메커니즘'이라 할 수 있다. 모든 사람을 위한 경제적 안정이 법의 실질적인 목표였다.

이러한 내용은 서로 다른 구약의 전통(J, E, D, P)과 경제 법령뿐 아니라 언약 신학과 실천을 통해서 가난한 사람들의 복지를 책임지는 것의 중요함을 강조한다. 즉, 법률 전반적으로 다양한 예시를 통해 일관되게 반복하여 강조하며 역사성 및 중요성을 드러내고 있다.

3. 호혜정신

역사적으로 이스라엘은 농경 사회였다. 앞서 살펴본 바와 같이, 많은 구약의 규범이 상호 생존 전략의 일환으로 실행되었다. 당시 농경 생활의 열악한 조건과 환경하에서 개인이 생존할 수 있는 좋은 방법은 집단(가족, 씨족, 부족 등)에 속하는 것이었다.

즉, 삶의 불확실성에 직면하여 타인을 돕는 것은 사실 자기 보존을 위한 불가피한 전략이었으며, 필요한 순간에 집단 내 다른 사람들에게서 같은 종류의 도움을 받을 수 있기 때문이다. 따라서 상호 배려에는 이기적인 요소가 있었다고 할 수 있다. 그리고 생존을 위해 집단에 소속됨의 중요성은 부분적으로 토지 반환과 친척의 구속에 관한 법령으로까지 자연스럽게 발전하게 되었다. 즉, 제한된 상품경제와 전통주의 사회에서 씨족이나 부족의 목표는 중요한 인적 재산인 구성원과 지속적인 불안정한 환경에 대한 합리적인 반응이었으며, 당연히 친족 관계와 소속감은 중요한 사회적 가치였다. 그리고 자기 강화적인 사회적 '안전망'에 대한 호혜적인 기대는 모두가 같은 운명을 공유하였기 때문에 상대적으로 평등하였다.

인생의 기회와 불확실성 앞에서 도움을 보장하는 것 외에도, 집단에 소속되는 것이 중요한 두 번째 이유는 다른 사람들의 탐욕으로부터 보호받기 위함이었다. 이 점은 히브리 법이 이방인, 과부, 그리고 고아들을 특별히 배려한 이유를 설명해 준다. 개인과 집단의 안전을 보장하는 근대적 의미의 국가가 없는 상황에서 시민권 대신 친족 관계가 필요한 보호를 제공하였다.

당시 이방인들은 혼자였고 착취, 강도, 폭력의 표적이었다. 이 땅에 친척이나 친구가 없다면, 이방인들은 안전을 보장받을 수 없었고 말 그대로 좋든 나쁘든 주인의 뜻에 따라 운명이 좌우되었다. 따라서 현대와 같은 인권과 법이 없는 상황에서, 주인의 환대와 보호는 낯선 이들에게 매우 중요하였다.

그리고 과부들은 혈족도, 남편의 가족에도 속하지 못하였으며,

고아들도 모계 또는 부계 가족과의 관계를 잃게 되었다. 게다가 고아들은 그들의 유산을 탈취하거나 유용하는 사람들에게 특히 취약하였다. 즉, 이방인, 과부, 고아들은 주변의 권력자나 힘 있는 자의 먹잇감이었고, 따라서 공동체의 특별한 보호와 도움이 필요하였다. 그들은 혈육의 지원이 거의 없었기 때문에 법의 보호에 의존할 수밖에 없었다(출 22:21-27, 신 10:18-19; 24:17-21; 26:12-13; 27:19).

'이방인, 고아, 과부' 세 그룹은 신명기부터 구약의 후반부까지 취약한 사람, 가난한 사람, 고통받는 사람을 의미하는 데 자주 사용되었다(신 10:18-19; 16:11, 14; 24:19-21, 렘 7:6; 22:3, 시 94:6; 146:9).

이방인에게 특별한 관심이 필요한 데에는 또 다른 이유가 있다. 무방비 상태이고, 취약하고, 주인에게 휘둘리는 것 외에도, 낯선 사람들은 시작부터 깊은 고통에 빠지기 쉽다. 우리가 많은 경우에서 볼 수 있듯이, 그들은 억압, 박해 또는 기근 때문에 이주하도록 내몰렸기 때문이다(창 12:10; 47:4, 룻 1:1, 왕하 8:1, 출 2:15). 그리고 고대 사회에서 이주민과 난민의 성격과 상황을 고려할 때, 이스라엘의 법에 이방인을 포함하는 것은 훨씬 더 큰 의미를 지닌다고 볼 수 있다(출 22:21; 23:9, 레 19:10, 33-34; 23:22, 신 10:18-19). 이는 이스라엘의 정의감과 더불어 연민과 공감을 드러내었다. 결국, 선택된 백성이었던 그들도 한때 애굽과 바빌론에서 나그네였고 경제적으로 어려운 상황을 뼈저리게 경험하였기 때문이다(신 10:19, 레 19:34, 출 22:21; 23:9).

4. 모든 사람의 의무인 구제

우리가 분별할 수 있는 세 번째 패턴은 모든 사람, 심지어 평범한 사람도 구제를 이행할 의무가 있었다. 당시 근동에서 왕들은 가난한 사람들에게 구호품을 제공하는 것에 책임이 있다고 여겨졌다. 그들은 성문에서 가난한 사람들과 무방비 상태의 사람들을 보호하는 자가 될 것으로 기대되었다. 다시 말해, 고대 근동의 왕들은 그들의 영역에서 정의의 분배자이자 보증인이었다. 우리는 특히 고대 근동 법전에서 이에 대한 근거를 찾아볼 수 있다. 예를 들어, 유명한 함무라비 법전의 서문에서, 왕은 가난한 사람들을 보호하고 제공한 것을 자랑하였다.[1] 그리고 고대 근동 법전의 다른 기능은 바로 왕실의 자기선전 도구였다. 즉 왕에 대한 대중적인 이미지를 만들려는 의도를 가졌을 뿐만 아니라, 가난한 사람들과 소외된 사람들의 보호자 역할을 하였다. 이러한 왕실의 선전은 신들, 대중들, 그리고 후대를 위한 것이었으며, 군주제 자체가 정의와 동일시되었다.

이스라엘은 정의를 보장하는 것이 왕만의 책임이 아니라는 점을 강조함으로써 구제와 보호를 더욱 확대하였다. 하나님이 택하신 백성 가운데서 많은 사람들은 이 땅에서 정의를 베풀고, 무방비 상

1 그러나 아이러니하게도 함무라비 법전에는 가난한 사람들을 구제하거나 추가적인 보호를 제공하는 조항이 단 한 건도 없었다.

태의 사람들을 보호하고, 속박된 사람들을 풀어 주고, 무이자 대출을 해주며, 가난한 사람들을 돕는 일을 맡았다. 구약성경에서 이스라엘 사람들은 이러한 경제 법규를 준수해야 하였으며 경제적 책임을 확대해야 하였다. 그들은 가난한 사람들을 돌보는 데 국가나 성전에만 의존하지 않았다. 왜냐하면 가난한 사람들을 보호하는 것은 모든 사람의 도덕적 의무였기 때문이다. 게다가, 고도로 조직화, 중앙집권화, 관료화된 파라오 이집트나 가나안 국가들과는 달리, 초기 이스라엘은 중앙 정부, 수도, 주권자, 상비군이 없는 농민들의 집단이었기 때문에 모든 사람은 자신의 역할을 다해야 하였다. 그리고 그들의 의무는 도움을 제공할 수 있는 능력에 기초하였다. 이러한 '복지 안전망'이 어떻게 가난한 사람들에게 제공되었는지, 그리고 자원을 가진 사람들이 그 부담을 어떻게 지게 되었는지 주목할 만하다. 부채 탕감, 토지 반환, 노예 해방과 같은 구약성경 경제 법령의 근거는 재화가 제한적인 사회에서 사회적 축적을 줄이는 것이었다. 잉여금을 축적하는 행운을 누린 사람들은 이것들을 지역사회에 다시 유통하였다.

구약성경의 율법은 우리에게 국가가 추구하여야 할 이상을 말해줄 뿐이어서 이러한 도덕적 권고가 실제로 실행되었는지 여부나 어느 정도까지 실행되었는지는 우리가 알 수 없다.

그럼에도 불구하고 이러한 경제적인 법령에는 개인적인 희생을 강요하는 반증들이 꽤 있다. 예를 들어, 우리는 새법전이 이전의 법들이 수정되거나 개정되는 등 상당히 더 많은 발전을 거쳤다는 것을 알고 있다. 많은 학자들은 신명기 강령이 언약 강령을 재작업하고 '인간화'하였다고 주장한다. 지혜와 예언적 문헌들은 반복적으로 불공정한 대출 관행과 부당한 토지 수용을 비난하였다. 프로스불(Prosbul)[2]과 같은 법적 장치는 채무법 준수에 허점을 보완하기 위해 만들어졌다. 그러나 역설적으로 이 모든 것들은 어떻게 많은 사람이 가난한 사람들을 도와야 할 의무에 묶여 있었는지를 보여 주고 있다. 이 임무들이 왕에게만 국한되었더라면 이스라엘은 예언자들로부터 비난을 받을 필요가 없었을 것이고, 또 선지자들이 진실한 것을 반복적으로 상기시킬 필요가 없었을 것이다.

또한 지혜는 가난한 사람들을 돌보는 것을 수반한다. 이스라엘은 법의 요건에서 벗어나기 위해 창의적인 법적 장치(예: 프로스불)를 고안할 필요가 없었을 것이다. 가난한 사람들과 취약한 사람들의 안녕은 모든 이스라엘 사람들의 관심사였기 때문이다.

2 프로스불(prosbul)은 '법정 앞에서'(pros boule)라는 헬라어로 안식년이 도래해도 법정에서 서약하고 서명한 채무는 안식년이 지나더라도 채권이 유효하다는 제도이다. 이는 현대적 의미의 금융 제도의 시작이었다고 할 수 있다. 성경은 이자나 고리대를 금하고 있지만 타국인에게 이자를 받는 것은 가능하였다(신 23:20). 그러나 근본적으로 가난한 자들을 대상으로 한 이자 놀이는 허용되지 않았다(출 22:25).

5. 가난한 사람들을 위한 보살핌의 규례화

구약성경 율법의 또 다른 특징은 가난한 사람들을 위한 보살핌의 성문화이다. 고대 근동에서는 왕들이 자신의 뜻에 따라 즉위할 때, 중요한 왕실 기념일을 축하할 때, 전쟁 중에 대중의 지지를 얻고자 할 때, 침체된 경제를 부채 탕감과 같은 방법으로 되살리고자 할 때, 경제적 해방을 선언하였다. 이와 달리, 이스라엘에서는 경제적 해방이 정례화되어 있어 공중도덕의 필수적인 부분이 되었다. 이 해방은 정기적으로 발생하였다. 즉, 6년간 일한 노예의 해방, 7년 후 빚 탕감, 7년마다 휴경, 3년마다 가난한 사람을 위한 십일조, 7일마다 안식, 그리고 50년마다 토지 반환 조항이 있는 주빌리 법 등과 같은 경제 법령들이 적어도 이론적으로는 종교적 준수와 마찬가지로 성문화되고 규례화되었다.

이러한 해방 외에도, 휴경기 동안 땅에서 자라는 모든 것에 대한 가난한 사람들의 수확 특권(출 23:10-11)과 특히 약자를 위한 정의를 보장하는 조치(출 23:2-3, 6-8)와 같은 다른 보호 수단이 성문화되었다.

주빌리 법은 부와 소득 불평등을 제한한다. 농경 사회에서 토지는 부의 창출의 주요 원동력이다. 조상의 땅을 원래 주인에게 반환하도록 의무화함으로써, 이스라엘은 사실상 거대한 땅의 과도한 축적과 소수의 손에 경제적, 정치적 힘이 집중되는 것을 막으려고 하였다. 따라서 주빌리 법은 공동체에 안정성을 제공하는 내장 메커니즘으로 설명될 수 있다. 그것은 또한 대규모 사유지 형성에 대한 안전장치로 볼 수도 있다.

그리고 정기적인 부채 탕감과 노예 해방은 주기적으로 걷잡을 수 없는 불균형을 시정하고 어려움에 처한 사람들에게 새로운 출발을 제공하였기 때문에 구조적인 조치라고도 할 수 있다. 그러나 이러한 메커니즘에도 불구하고, 많은 성경 주석자들은 이러한 경제 법령이 뿌리 깊은 문제(예: 엘리트에 의한 억압, 권력의 남용과 독점, 그리고 강압적인 왕실의 강요)의 근본 원인보다는 단지 증상(예: 빈곤, 부채, 노예, 토지 손실)만을 다루고 있다고 비판한다.

6. 회복과 독립의 근접한 목표

성경 율법의 또 다른 패턴은 힘든 시기에 넘어진 사람들을 회복시키는 근본적인 원칙이다. 그것은 단지 어려움에 처한 사람들과 가난한 사람들에게 기본적인 음식, 옷, 또는 피난처를 제공하는 것만으로는 충분하지 않았다.

경제조례의 목표는 단순한 기본적인 필요성의 제공이 아니라,

어려운 시기에 처한 사람들을 예전의 상태로 회복시키는 것이었다. 생계 회복은 이러한 자급자족의 목표를 달성하기 위한 중요한 중간 단계였다. 건국 당시 모든 가족에게 토지를 제공한 것(민 26:52-56; 33:54)은 모두의 생계를 보장하는 그들의 이상을 보여 주고 있다. 사실, 구약성경은 토지가 가족의 크기와 생산성에 따라 분배된다는 것에 주의를 기울였는데, 이는 모든 가족의 경제적 안정을 보장하려는 의지를 반영한 것이라 할 수 있다.

그리고 당시 농업 경제는 날씨, 흉작, 가뭄, 질병과 같은 예기치 못한 상황들로 가득 차 있었다. 앞서 언급하였듯이, 이러한 피할 수 없는 환경에서 가족들이 더 잘 살아남을 수 있도록 이스라엘은 무이자 대출, 시혜, 가난한 사람들과의 관계, 공동 잔치, 그리고 상호 원조에 대한 법(도덕적 훈계)을 마련하였다. 이러한 조치에도 불구하고, 어려운 상황에 빠진 사람들이 여전히 부채의 늪에 빠져 결국 노예로 팔려간다면, 그러한 빈곤이 그들의 영원한 운명이 아니라는 것을 보장하기 위한 다른 조치가 있었다. 즉, 7년 후에는 빚을 탕감하고 6년 후에는 노예에서 복권시키는 조항을 갖게 되었다. 게다가, 노예들은 그들이 석방될 때 재기할 수 있는 현실적인 기회를 얻었고 다시 빚에 내몰리지 않도록 물품과 식량을 받았다(신 15:13-14). 그리고 친척들은 노예가 된 친척들이나 팔아야 하는 가족의 땅을 다시 사들이는 데 있어 구원자(goel) 역할을 맡을 의무가 있었다. 그 밖에 부채와 노예를 풀어 주는 것 외에 조상의 땅을 원래 주인에게 돌려

주는 희년법도 있었다. 이들 조례에는 힘든 시기에 넘어진 사람들이 다시 자립할 수 있도록 새로운 출발과 도움이 필요하다는 공통된 정신이 담겨 있다. 사람들은 이것을 회복의 원리, 또는 두 번째 기회의 원리라고 부른다. 즉, 다른 사람들의 도움으로 인해 회복하고 갱생하는 것은 빈곤층을 돌보는 목표에 그치는 것만이 아니라 이와 유사한 조치들을 장려하고 지지하는 것이었다.

7. 예언적 정의

광범위한 다양성에도 불구하고, 예언서들은 이스라엘과 유다가 약자에 대한 억압, 절도, 일반적인 부정직, 과도한 소비, 탐욕, 사법제도의 전복에 대해 일관되게 문제를 제기하였다. 특히 땅을 과다하게 소유하는 것은 예언자들에 의해 강력하게 비난받았다(미 2:1-5, 9, 사 5:8-10, 호 5:10, 겔 46:16-18). 가난한 사람들과 무방비한 사람들을 보호하는 책임을 지고 있는 지도자들에 의해 저질러진 엄청난 불의 앞에서, 정의가 예언 문학의 주요 주제라는 것은 놀라운 일이 아니다. 미가 6장 8절("사람들아, 여호와께서 선한 것이 무엇인지 너희에게 보이셨다. 그가 너희에게 요구하는 것은 옳은 일을 행하며 한결같은 사랑을 보이고 겸손한 마음으로 너희 하나님과 교제하며 사는 것이다.")은 기원전 8

세기 예언자들 메시지의 전형이다.

신은 예언자들의 고전적인 메시지에 나오는 언어적 삼위일체이다. 이 세 가지는 모두 행동적인 말이며 추상적인 원칙에 그치지 않으므로 단순한 말(암 5:24, 호 6:6, 사 7:9; 30:15)이 아닌 행동의 중요성을 강조한다.

물론, 우리는 확고한 사랑의 조합을 가지고 있다. 사랑(hesed)과 정의(mispat) 그리고 정의와 공의(tzedaqa)가 짝을 이루는 '동의어 유사성'(synonymous parallelism)(암 5:7, 24; 6:12, 호 2:19, 사 1:21, 27; 5:7; 9:7, 렘 22:15)도 주목할 필요가 있다. 그러한 정의와 공의는 예언적 설교와 도덕적 비전의 핵심이다. 따라서 사회 개혁은 개인의 개종이나 하나님과의 일대일 관계가 아니다. 오히려, 죄악이 만연한 사회 구조를 바꾸고 모든 사람이 사회에 참여할 수 있도록 허용하는 것이다. 그리고 존엄성과 공동 책임을 가지고 실질적이고 의미 있는 방식으로 하는 것이다.

이렇듯 예언자들은 무엇이 잘못되었는지 비판하였을 뿐만 아니라, 무엇이 옳고 하나님이 선택받은 백성에게 무엇을 기대하는지를 명확하게 표현하였다. 그러므로 사람들은 가난한 사람들을 위해 우선적으로 약자들을 보호하였다(사 3:14-15). 소외된 사람들을 돌보는 것은 정의로운 공동체의 척도였으며 정의 또한 나누어졌다(사 1:17; 58:6-7; 61:1-2, 렘 22:13-17, 겔 16:49; 18:5-9). 이에 따라 "과부와 고아와 이방인과 가난한 자들은 억압하지 말라"(슥 7:10)고 하였다. 사실, 어려운 처지에 놓인 사람들에 대한 대의와 복지는 능력 있는 자들과 강한 자들에 의해 옹호되어야 하였다(암 5:21-24, 호 10:12-13, 렘 22:13-17, 사 58:6-9; 61:1-2).

또한 소유와 사용은 관대함으로 표시되었고, 생계, 정체성, 공동체 참여 수단, 자유로운 삶을 위해 필수적인 것에 접근할 수 있어야 하였다. 행정 및 사법 시스템으로 이러한 목표를 달성하고자 하였으며, 정의는 이러한 구조적 요구를 충족시키는 것이었다. 그리고 공동체 안에서 하나님과의 관계는 제도와 법률에 스며들기 위한 것이었으며 그 결과는 샬롬(평화 또는 복지)이고 '공동체 중심'의 정의였다.

CHAPTER 4

신약시대: 후원보다는 펠로우십

1. 후원 관계
2. 후원 관계를 대신하는 펠로우십
3. 후원에 대한 신학적, 윤리적 통찰
4. 타인을 위한 서비스로서의 직업 윤리
5. 요약

사람들의 서로에 대한 존중과 관심은 그들이 시장에서 상호 작용하는 방식에서 분명하게 드러난다. 세금 징수, 무이자 대출, 부채 탕감, 토지 반환에 관한 구약성경의 규례 또는 법은 선택받은 사람들에게 서로를 돌보는 법을 가르친 사회적 메커니즘이었다. 신약에서 포도밭 주인이 어떻게 하루의 마지막 시간까지 광장에서 실업자들을 계속 고용하고, 그들의 기여에 상관없이 모두에게 똑같은 하루치 임금을 지급하였는지 떠올려 보라(마 20:1-16). 경제 활동은 사회적 관계를 표현하고 하나님 앞에서 서로 다른 집단의 상대적 가치에 대해 논하는 것이다. 이에 대한 예는 그리스-로마 시대의 후원 관행에 대한 신약성경의 책망과 유대(코이노니아)를 바탕으로 한 예수님의 가르침에서 찾을 수 있다.

1. 후원 관계

1) 후원 관계의 사회적 배경

고대의 경제 활동은 현대의 시장과 다르게 작동하였다. 전근대 경제는 관습, 법, 사용에 기반하여 운영되는 반면, 현대의 교환은 가격 메커니즘에 의해 움직인다 할 수 있다. 고대 경제공동체는 친족, 종교, 경제, 정치라는 네 가지 기본 사회 제도에 의해 형성되었다. 현대에는 이 제도들이 각각 독립적이고 각자의 법에 의해 통치된다. 예를 들어, 대부분의 국가는 교회와 국가를 분리하며, 자유방임 자본주의는 시장과 정부를 서로 분리한다. 반면 이스라엘을 포함한 고대 근동에서는 종교, 정치, 친족 관계 내에서 경제 시스템이 혼재되어 있었다. 그리고 후원-종속의 관행은 헬레니즘-로마 시대보다 앞선다고 할 수 있다. 사실, 많은 학자들은 이러한 메커니즘이 고대 이스라엘 정치, 경제의 특징이었다고 믿었다. 그렇지만 후원 관계를 이해하기 쉬운 방법은 명예를 우선시하는 그리스-로마 시대의 풍조를 살펴보는 것이다.

2) 명예를 우선시하는 풍조

그리스-로마 세계에서는 명예로운 지위가 사회생활에서 중요한 역할을 하였다. 어떤 위치에 서느냐가 중요한 이유는 위치에 따라 존경 받는 정도와 그가 행사할 수 있는 권력을 결정하기 때문이었다. 고대 사회에는 명확한 계층적 질서가 있었으며, 중요성과 계급에 따라 내림차순으로 구분되었다. 가장 높은 위치는 황제였으며, 그 다음이 로마 영사와 검찰관 그리고 헤로데 왕과 같은 팔레스타인과 시리아의 대표자, 대제사장, 예루살렘 귀족, 주요 지주, 관리, 부유한 농부와 유대교 지도자 같은 마을 지도자, 토지를 소유하는 농부, 그리고 가장 낮은 계층인 죄인, 사회적 일탈자, 세금 징수자, 가난한 사람들, 그리고 부정한 사람들이 있었다.

두 번째 중요한 요소는 부였다. 지위는 사회적 수용과 관련이 있다면, 계급은 경제적 지위를 반영하였다. 세 번째 결정 요인은 개인의 사회적 네트워크였다. 가구는 대가족, 친구, 그들과 관계된 사람들, 그리고 그들에게 종속되거나 빚진 사람들의 지위에 의해 정의되었다. 이러한 사회 계층화는 다음과 같은 제약으로 묶여 있었다. ① 앞의 서열에서 상위에 있는 사람은 서열상 그들 아래의 사람들에게 후원자 역할을 하였다. ② 후원자들은 경제적 지원과 정치적 보호, 권력에 대한 접근을 제공하였다. ③ 후원받는 사람들은 봉사, 존경, 충성심을 후원자들에게 베풀었다. ④ 사람들은 사회적으로 동등한 계급에 속해 있을 때 가장 편안하였고 계급을 뛰어넘을 시도를 하지 않았다.

3) 농경제하에서의 후원 관계

농경 사회에서 후원의 관계는 경제적 희소성의 맥락에서 쉽게 생겨났다. 고대 농경 세계의 정치, 경제는 공동체 내에서 지배-종속성을 크게 하는 데 일조를 하였다. 특히, 농업 생활은 본질적으로 불안정한 생계 수단이었고, 빈부격차가 심하였다.

첫째, 농업 생활의 취약성을 고려할 때, 가난한 사람들은 기후와 상황의 변화에 취약하였다. 그들은 수확에 실패하거나 예상치 못한 비용을 수반하는 사태가 발생하였을 때 의지할 대상이 거의 또는 전혀 없었다. 당시 농업 기술이 초보적인 상태였기 때문에 농부들은 불확실한 삶을 살았다. 그들이 풍년에 축적할 수 있는 잉여 생산물은 흉년, 병, 지배자의 수탈 등 예기치 못한 사건으로 쉽게 사라졌다. 이로 인해 농부들은 쉽게 가난, 빚, 노예로 내몰렸다.

이와 같은 긴급 상황이 발생하면 농부들이 가장 우선적으로 하는 대응은 여유가 있는 이웃이나 친척에게 도움을 요청하는 것이었다. 그러나 긴급 상황이 지역사회 전체에 영향을 미쳤다면 도움을 요청하는 것은 불가능하다. 그러므로 이 경우에는 다른 지역사회에 도움을 청하거나, 최후의 수단으로 왕 또는 신전에 호소를 선택하는 것이었다. 후원-종속성 출현의 두 번째 이유는 부유층과 빈곤층 간의 불평등한 협상력이었다. 어려운 시기에 농민들은 지원이 절실히 필요하였으므로, 부자들의 요구에 좌우되거나 착취에 쉽게 노출되었다. 따라서 가난한 사람들은 은인의 원조나 보호를 받는 대가로 충성을 맹세하면서 지배와 복종으로 특징지어지는 후원 관계가 형성되었다.

요컨대, 후원 제도는 고대 세계의 위험 속에서 상호 안전을 위한 전략이었다. 불안정한 생존과 잘 정의되지 않은 사회적 환경에서, 집단으로 뭉치는 것은 삶의 불확실성과 본성을 다루기 위한 생존 메커니즘이었다. 친족 관계는 매우 중요하였고 다른 사람들이 그들을 해치는 것을 막거나, 부상을 입었을 때 정확한 응징이나 보상을 받기 위해서는 강력한 후원자의 보호가 필수적이었다. 그러한 후원자는 법보다는 힘에 의해 지배되는 세계에서 더 중요하게 됨으로써 정의는 관계에 따라 주관적으로 분배되었다. 그러므로 공동체 내에서의 수용, 명예, 지위가 무엇보다도 중요하였다.

4) 구약의 후원 관계

앞 장에서도 살펴보았듯이, 이스라엘의 군주제에서 후원 관계를 추론할 수 있다. 예를 들어, 사울은 다윗에게 토지와 권력을 줌으로써 충성을 얻었다(삼상 22:7-8). 다윗과 사울의 관계는 후원 관계가 분명하였다. 다윗은 사울을 '아버지'라고 부르고, 사울은 그를 '아들'이라고 불렀다(삼상 26:17-25). 또한 엘리야와 엘리사(왕하 2:12) 사이에서도 멘토와 멘티 또는 후원자와 종속자(왕하 5:1-19)의 유사한 관계를 발견할 수 있다. 일부 학자들은 야훼(YHWH)조차도 다윗(그리고 이스라엘)의 후원자로 묘사하였다. 구약성경은 이러한 후원 관계에 대해 단순히 사회경제적 삶의 규칙적인 특징으로 받아들였다. 그러나 신약에서는 많은 차이가 있다.

5) 신약에서의 후원 관계

누가는 사회적 갈등과 경제적 관계를 당시 그리스-로마의 관행에 대한 반응으로 후원 관계를 설명하였다. 예를 들어, 백부장이 어떻게 자신의 신임받는 종을 치유하였는지를 살펴보자. 그는 예수님에게 직접 접근하는 대신, 지역 장로들을 통해 중재를 요청하였다. 장로들은 "그는 우리 백성을 사랑하시며 우리를 위하여 회당을 지으신 분이시니 주님의 도움을 받을 자격이 있다"(눅 7:2-5)고 요청하였다. 장로들은 로마 장교의 과거 친절과 도움에 보답하는 것이 그들의 의무라고 생각하였다. 백부장은 마을의 후원자로서 지역사회에 대한 자신의 권리를 주장할 수도 있다고 강하게 믿고 있었으며, 이런 상황에서 자신의 주장을 효과적으로 행사하고 있었다. 이것은 호의와 호의가 교환된 균형 잡힌 상호주의의 예라고 볼 수 있다.

2. 후원 관계를 대신하는 펠로우십

복종과 지배는 하나님 나라에서 설 자리가 없으며 그리스도 안에서 모든 사람이 공통적으로 공유하는 근본적인 평등에 반한다. 다음 4개의 말씀—누가복음 6:27-36, 누가복음 14:12-14, 사도행전 2:42-47, 사도행전 4:32-35—은 그리스-로마의 후원 관행에 대하여 각각 그리스-로마의 후원과 복종, 상호주의의 정신, 명예와 지위 의식, 분리의 좋은 예가 될 것이다.

1) 비호환성

균형 잡힌 상호주의는 각 당사자가 상대방에게 주는 것과 동일한 가치를 주고받는 대인 관계로, 엄격한 동등성에 지배된다. 시장

교환이 대표적인 예이다. 그러나 누가는 상호주의 동등성 이상의 것을 요구한다. 누가복음 6장 27-36절은 분명히 상호주의를 넘어서기 위한 말씀이다. 그것은 '엄격한 상호주의의 윤리'에서 관대한 정신으로 활성화되는 폭넓은 윤리로 나아가라고 요구한다.

이것은 효용에 기초한 관계와는 완전히 대조된다. 후원은 대가로 주고받는(quid pro quo) 사고방식에 의해 동기가 부여된다. 이와 대조적으로, 무관심한 관대함은 무차별적으로 베푸는 것과 같은 것이며, 독특한 기독교적 미덕이라고 할 수 있다. 이것은 '대가를 기대하지 않고 조건 없이 베푸시는 예수님의 엄격한 윤리'로 묘사되어 왔다. 목표는 자기 이익에 기반한 상호주의를 '퇴치'하고, 이타주의에 기초한 다른 자아를 '중심'으로 삼는 것이다.

2) 무차별적인 유대감

사회가 어려운 처지에 놓인 사람들과 함께 어울려야 한다는 요구는 기존의 후원 관계에 대한 또 다른 직접적인 도전이다. 누가복음 14장 12-14절은 이를 잘 보여 주는 예로 예수님이 저녁 식사를 대접하는 주인에게 가난한 사람들, 장애인들, 시각장애인들을 초대하라고 훈계한다. 여기서 중요한 것은 엄격한 상호주의의 기풍과 앞으로 돌아올 초대나 호의에 대한 기대를 포기하는 것뿐만 아니라 훨씬 더 많은 것들이 관련되어 있다. 명예로운 지위가 모든 것을 의미하는 그리스-로마 세계에서, 한 사람의 친구나 관계의 범위는 그의 사회적 지위를 결정하였다. 마찬가지로, 순수함에 대한 관심이 높았던 유대인들은 깨끗한 것으로 여겨지는 사람들과의 관계만을 중시하였다.

그리고 예수님의 가르침은 대축일의 비유(눅 14:15-24)로 더욱 강화된다. 이 비유에서, 초대받은 손님들이 변명을 하며 연회에 참석하기를 거부하자, 주인은 그의 하인에게 가난한 사람들, 장애인들, 그리고 큰길과 변두리로 나가서 사람들을 데려오라고 명령하였다. 이 비유는 사회적 약자들을 동등하게 대우할 필요성을 강조하고 있는 것이다. 다시 말해, 이것은 순결법을 인용함으로써 사회적 약자들과의 관계를 회피한 바리새인들과 뚜렷한 대조를 이루고 있다.

우리는 또한 초기 교회에서 계급 장벽이 무너지는 것을 목격할 수 있다. 욥빠에서 베드로는 무두공 시몬과 함께 지내는 것에 거리낌이 없었다(당시 무두질은 경멸받는 직업이었다). 무두장이와 가족의 환대를 받아들임으로써, 베드로는 직업의 존엄성과 신분 구분의 붕괴를 확인하였다. 또한 베드로는 성령의 지시를 따르는 데 아무런 문제가 없었다. 그는 로마의 백부장 코르네우스 집에 머물렀을 뿐만 아니라, 그들과 식사(행 10-11)도 같이 하였다. 성령이 부여한 새로운 유대감은 사람들을 서로 분리시키는 계급적 차이와 식사 제한 같은 형식을 압도하였다.

여기서 차별 없는 연대감에 대한 예수님의 요구의 결과를 정리해 보자. 첫째, 다른 사람들이 보기에 그것은 사실상 자신의 사회적 지위를 낮추는 것이었다. 그것은 헬레니즘화된 공동체의 웃음거리가 되었으며, 유대인 공동체 안에서도 스스로 깨끗하지 못하게 되었다. 두 경우 모두, 대부분 자신들이 속하고 있는 조직과 사회에서 선택되지 못한 사람들과 어울림으로써 자신의 사회적 지위를 위험에 빠뜨리게 할 수도 있으며, 친구들과의 관계에서 외면당하고 고립될 수도 있다. 이러한 행위는 동료들과 다른 사람들로부터 경멸과 조롱을 받는 어리석은 행위로 인식될 수도 있다.

둘째, 자신의 사회적 계급이나 지위보다 낮은 사람들과 교제하는 사람은 자신의 권력 기반이 잠식당하게 된다. 결국 후원은 사람들에게 빚을 지게 하거나 미래에 호의를 갚아야 할 의무가 있다고 느낄 사람들에세 호의를 아낌없이 제공함으로써 가능한 한 많은 영향력을 축적하는 것일 것이다. 그러나 보답할 수 없는 사람들을 초대하는 예수님의 말씀을 따르면 더 많은 위신과 권력을 축적하는데 사용할 수 있었던 시간과 물질적 자원을 사실상 낭비한 것이다.

셋째, 예수님이 요구하는 무차별적인 초대는 또한 사회적으로 열등하게 여겨지는 사람들과 교제하는 것 외에도, 누군가가 경멸하거나 심지어 증오하거나 증오할 이유가 있는 사람들을 환영하고 사귀어야 할 수도 있다는 것을 의미한다. 즉, 하나를 받아들이고 모두를 사랑함에 있어 예수님의 본을 따르는 것이다. 예수님의 연대감은 사람들이 하나님의 자녀로서 마땅히 받아야 할 존경과 존중을 어떻게 조화시킬 수 있는지를 보여 주는 예이다. 이것은 단지 외부적인 것이 아니라 내적인 것을 제공하는 것을 수반하기 때문에 사회적 지위나 권력 기반을 앞서는 것 못지않게 요구된다. 즉, 한 사람의 시간, 관심, 존중, 사랑, 그리고 우정 이러한 것은 마음속 깊은 곳에서부터 급진적인 변화를 의미한다 하겠다.

3) 기독교 대안

초기 교회 공동체는 비호혜적 윤리와 무차별적인 동료애의 한 예라 할 수 있다. 사도행전 2장 42-47절은 그들이 어떻게 재산을 공유하고, 함께 기도하고, 식사를 나누며, 진정으로 서로의 동행을 즐겼는지에 대한 생생한 이야기이다. 지배와 복종 대신에, 신약은 우정을 요구하는데, 우정은 우정과 교감(코이노니아)으로 꽃피우며, 이는 결국 물질적 재화의 관대한 공유로 표현된다. 사도행전 2장 42-47절에서, 그들의 소유물을 판 사람들은 단순히 가난한 사람들에게 구호품을 주지 않았으며, 또한 당시 팔레스타인 문화의 일부였던 공유된 식사를 제공하였다.

누가복음 6장 27-36절의 자기희생과 누가복음 14장 12-14절의 무차별적인 동료애는 정말로 성취하기 어려운 사건인데 이렇게 측정되지 않은 자기희생과 무분별한 동료애는 궁극적으로 진정한 우정에 기반을 둔 코이노니아(koinonia)에 대한 요구인 것이다. 코이노니아라는 용어에는 연대적 커뮤니케이션, 관대함, 그러한 교감의 구체적인 표시(예: 특별한 관계의 선물 또는 증거), 공유하는 행위라는 네

가지 의미가 있다. 이 네 가지 의미는 우리의 논의와도 깊은 관련이 있다. 후원 관계를 끝내자는 요구는 실제로 다른 사람들에 대한 권력을 포기하는 것 이상의 것을 요구한다. 그것은 스스로 사귀기를 선택하지 않았을 사람들에게까지 우정을 넓히는 것이다. 사실, 누가 복음의 바탕에는 사도들의 자발적인 소유로부터 영원한 생명을 찾기 위해 부자나 통치자를 초대하는 것, 공동 식사, 공동체의 물품 공유에 이르기까지 계급 장벽을 무너뜨리기 위한 방법들이 깔려 있다.

그리스-로마 문학에는 같은 사상을 가리키는 속담, 격언, 기타 자료들의 느슨한 모음인 신학적 모티브와 주제(topoi)가 있다. 신약성경에서도 우정(philia)이라는 단어를 사용하지 않더라도 그리스-로마 모티브를 찾아볼 수 있다. 누가는 헬레니즘화된 초기 교회를 한마음과 한마음으로 묘사하며 우정이라는 이상을 드러내었다(행 4:32). 이것이 바로 코이노니아의 정수이며 우정에 관한 그리스 속담을 이해하는 것과 같은 맥락이다.

그리스인들이 생각하는 우정은 (호혜성으로 표현된) 일치와 평등을 수반한다. 우정은 서로를 위한 선에 대한 동일한 비전을 지향한다. 한밤에 갑자기 방문한 친구의 이야기(눅 11:5-8)처럼 우정은 진정한 의무를 수반한다. 또한 우정은 영적이고 물질적인 모든 것의 완전한 공유와 진정한 파트너들 사이의 적극적인 참여, 공유, 그리고 도움을 포함한다.

그리고 사도행전 2장 42절, 47절과 사도행전 4장 32절, 37절은 이러한 우정의 본질을 잘 보여 준다. 공유는 자발적이고 희생적이므로 다른 것들이 공급될 수 있다(행 5:1-11). 그리고 같은 성령을 받고(행 2:38) 사도들의 권위를 인정하는(행 4:34-35, 37) 단결에 기초한 우정과 친목이었다.

신약성경은 어떻게 초기 교회가 코이노니아의 의도적인 공동체가 될 것인지를 강조하기 위해 우정의 개념을 사용하였다. 초기 교회 구성원들은 그들 중에서 가난한 사람들에게 구호품을 제공하기 위해 자신들의 재산을 처분하였다. 이것은 친구들 사이의 평등과 공유에 대한 초기 시점으로 거슬러 올라간다. 그들의 교감에서, 초대 교회는 구약성경의 이상인 언약 공동체(평등의 경제)와 우정의 이상인 그리스의 이상을 결합하였다. 우리는 초기 교회, 심지어 이방인과 유대인 기독교인들 사이에서도 그러한 동료애와 교감의 다른 사례들을 발견할 수 있는데, 이방 교회들은 예루살렘의 가난한 형제들을 위한 구호품을 보내기 위해 모금을 하였다.

이렇게 후원과 지배-종속의 사회경제적 시스템에 대한 훈계가 대부분 누가복음과 사도행전에서 발견된다는 것은 아마도 놀라운 일이 아닐 것이다. 즉, 누가의 공동체는 이방인들로 구성되어 있었으며, 이들은 상호 원조에 관한 구약성경의 법에 익숙하지 않았을 수 있고, 헬레니즘-로마의 후원정신에 깊이 영향을 받았을 가능성도 있다. 게다가 이 공동체에는 그러한 사회 계층화를 실천하였을 많은 부와 사회적 지위를 가진 사람들이 있었다. 마가나 마태와 달리, 누가는 동료애와 교감의 중요성을 강조하였다.

4) 사도행전 이후의 후원

그리스-로마의 후원과 복종 관행에 대한 훈계는 누가의 문서에만 국한되지 않고 다른 복음서와 바울의 편지에서도 찾아볼 수 있다. 마태복음 6장 1절부터 4절까지는 선행이 남모르게 이루어져야 한다는 가르침을 보여 주는 좋은 사례이다.

> 6:1 너희는 사람들에게 보이려고 일부러 선한 일을 하지 않도록 조심하라. 그렇지 않으면 너희가 하늘에 계신 너희 아버지에게서 상을 받지 못한다.
>
> 6:2 네가 불쌍한 사람을 도울 때 위선자들이 사람들의 칭찬을 받으려고 회당과 길거리에서 하듯 나팔을 불지 말아라. 내가 분명히 말해 두지만 그들은 받을 상을 이미 다 받았다.
>
> 6:3 너는 불쌍한 사람을 도울 때 오른손이 하는 것을 왼손이 모르게 하여,
>
> 6:4 너의 착한 행실이 남의 눈에 띄지 않게 하라. 그러면 은밀히 보시는 네 아버지께서 갚아 주실 것이다.

이 사례는 대중의 찬사를 얻고 명시적인 목적으로 기부가 이루어지는 그리스-로마의 자기 과시적인 구제 관행과는 거리가 멀다. 그리스-로마에서 기부는 공평함을 요구하기보다는 편의주의와 기대되는 수익에 의해 이루어졌다.

그리고 예수님은 제자들에게 금전이나 경제적 도움 없이 자신처럼 설교하고 가르치며, 치유하라며 보냈다. 그러나 제자들은 전도

나 선교하러 간 곳에서 환대를 기대한 것도 사실이다(마 10:7-14, 막 6:8-11, 눅 9:2-4; 10:4-7). 이에 대해서 예수님의 사역을 따르는 제자들에게 과감한 무소유의 전제를 재확인한 것이라고 주장하는 학자도 있다. 그러나 여기서 우리는 또 다른 관점에서 후원 관계가 역전됨을 알 수 있다. 제자들은 그들의 기본적인 욕구를 충족시키기 위해 겸손한 지원자가 될 것이다. 이렇게 제자들은 치유와 설교를 하면서 사실상 자신들을 위한 후원 관계 구축이 금지됨을 인식하였을 것이다. 이것은 누가가 "돈을 사랑하는 사람들"이라고 비하하는 바리새인들의 기풍과 관행에 완전히 반대되는 것이다.

물론 바리새인, 율법학자, 당대 엘리트들에 대한 대표적인 반례는 예수님 자신이다. 예수님은 자신으로부터 치유를 받아 은혜를 입은 사람들의 모임을 만들 수도 있는 특별한 위치에 계셨다. 예수님은 그의 많은 추종자들을 찬양, 명예, 충성, 돈, 권력, 지위, 봉사, 그리고 호의 등을 통해 복종적인 관계로 바꿀 수 있었다. 그럼에도 불구하고 예수님은 결코 은인의 역할을 맡거나 사람들을 지배하지 않으셨다. 실제로 예수님 자신은 금전이나 지팡이 없이, 오직 친절에 의지하여 제자들에게 부탁하는 방식 그대로 살고, 설교하고, 여행하셨다.

사도 바울은 이러한 후원 관계의 유혹에 넘어가지 않은 또 다른 예이다. 바울은 데살로니카 사람들에게 다른 사람들을 교화시키고 누구에게도 의존하지 않도록 조용히 부지런히 일할 것을 촉구하였다(살전 4:11-12).

4:11 그리고 우리가 여러분에게 명령한 것처럼 조용한 생활을 하고 남의 일에 간섭하지 말며, 손수 일하도록 하십시오.
4:12 그러면 불신자들에게 존경을 받을 것이며, 경제적으로도 부족한 것이 없을 것입니다.

이러한 '자족적 독립의 장인 정신'이 있다면, 후원자에게 몸을 붙일 이유가 줄어들 것이다. 그리고 바울은 설교한 것을 실천하였다. 그는 다른 사도들과 마찬가지로 자신이 섬기는 사람들로부터 지지를 받을 자격이 있다는 것을 알고 있었다. 그러나 바울은 교회에 더 큰 부담을 주기보다는 복음을 전하면서도 물질적 주장이 무엇이든 자발적으로 포기하고 분리된 생계를 추구하였다(고전 9:1-23, 살전 2:6-10, 마 10:8-11). 그리고 그는 "나는 모든 것에 관해 자유롭다"(고전 9:19)고 하며 후원자에게 신세지는 것을 피하는 이유를 분명히 밝히면서 왜 더 힘든 길을 선택하는지 명시적으로 말하였다.

바울은 자급자족하는 것을 선호하면서도 그럼에도 불구하고 자신에게 보내진 후원(빌 4:10-20, 고후 11:8-9; 12:13)을 정중히 받아들였다. 이는 다른 사람들에게서 찾아볼 수 없는 겸손함을 드러낸 것이다. 그러므로 바울에게서 사람들 사이의 이상적인 경제적 교류는 자선과 자급자족에 기초하였다. 자선은 은인이 자기 봉사적인 구호활동에 참여하는 것을 금지하였고, 자급자족은 은인의 필요성을 최소화하였다. 당시 일부 초기 교회에서는 계급과 신분 의식, 자기 선택적 분리가 성행하였던 것으로 보인다. 그러나 바울은 개종자들의 그러한 행위를 바로잡는 데 확고하였다. 특히 바울은 부자와 권력자들이 가난한 사람들과 하층민들을 무시하고 성찬을 함께 나누지 않는 문제를 비난하였다(고전 11:17-34). 즉, 음식은 부자든 가난한 사람이든 서로 나누어 먹어야 한다고 강조하였다.

5) 사도행전 이후의 우정 공유

초기 교회 공동체에서 우정과 펠로우십에 대한 요구는 사도 바울의 경우에도 나타난다. 바울은 빌립보 사람들에게 보내는 편지에서 그들이 공동체가 될 것을 촉구하였다. 이는 공동체가 야망과 자만심이 아니라 '같은 마음'과 '영혼 속에서 나눔'인 빌립보서 2장 1-4절에서 확연히 드러난다.

2:1 그리스도 안에서 여러분은 서로 격려하고 있습니까? 그리스도의 사랑으로 서로 위로하며 성령으로 교제하고 있습니까? 그리고 서로 친절과 동정을 베풀고 있습니까?

2:2 그렇다면 한마음 한뜻으로 같은 사랑을 가지고 하나가 되어 내 기쁨을 충만하게 하십시오.

2:3 무슨 일이든지 다툼이나 허영으로 하지 말고 겸손한 마음으로 자기보다 남을 낫게 여기며,

2:4 자기 이익만 생각하지 말고 남의 이익도 생각하십시오.

그들은 자신보다 다른 사람을 우선시하는 겸손함을 포용하였다. 이는 그리스-로마의 후원과는 너무나 다른 그리스도와 같은 마음, 복음의 삶에서의 펠로우십, 타인에 대한 봉사, 고통받을 준비성, 그리고 그리스도와 같은 친절로 이어지는 성령에 기초한 코이노니아이다.

이러한 우정과 동료애는 물질적으로 아낌없이 나누는 데에서도 구체적으로 표현되었다. 바울이 오래전에 설교하러 갔다가 다른 교회를 찾은 뒤에도 빌립보교회가 얼마나 관대하게 사역을 지원하였는지 주목할 필요가 있다(빌 4:15, 18-19, 고후 11:9). 또한 예루살렘의 가난한 사람들을 위한 구호품(갈 2:9-10; 6:2, 고전 16:1-4, 고후 8-9, 롬 15:25-27)에서와 같이 교회들 사이의 물질적 공유에서 나타나는 펠로우십도 엿볼 수 있다.

그리고 야고보와 요한의 편지에서도 상호 지원과 공유에서 동일한 펠로우십 현상을 발견할 수 있다. 야고보의 편지에서 하나님과의 우정은 아브라함의 경우와 같이 모든 것을 나누고 하나님을 위해 모든 것을 바칠 준비가 되어 있음을 수반한다(약 4:7-10). 이 우정은 가난한 사람들과 아픈 사람들에게 넘쳐날 것이며(약 2:1-5, 15-16; 5:13-16), 그것은 질투, 오만, 지나친 이익 추구(약 4:13-17; 5:1-6)와 현저한 대조를 이룬다. 요한의 문헌은 또한 우정이 어떻게 물질적 소유의 공유로 이어지는지를 보여 준다(요 15:13-15, 요일 1:3, 7; 3:16-18, 요삼 1:4-8). 요컨대 우정은 누가복음뿐만 아니라 신약의 나머지 부분에서도 나타나며, 그러한 친목은 필연적으로 물질적 공유로 넘쳐난다.

6) 부자와 가난한 사람 모두를 위한 훈계

실제로 코이노니아는 무엇을 의미하나? 분명히, 부자들은 많은 것을 포기하고 부를 나누는 데 관대해야 한다. 그들은 계급과 명예에 기반한 헬레니즘-로마의 기풍을 거스르고 모든 사람을 동등하게 대해야 하였다. 그들은 상류층 특권을 내려놓고, 사회적으로 지위가 아래에 있다고 여겨지는 사람들을 동등하게 대우하며 우정과 교감을 확장해야 하였다. 이러한 행동은 부자들의 사회적 지위를 어렵게 만들 수도 있었다. 사실, 복음서에서 바리새인들이 예수님의 충격적이고 무차별적인 식탁 동료애에 대해 경멸적으로 비판한 것(눅 5:30; 7:33-35; 15:1-2, 막 2:15-16, 마 9:10-11)은 사회적 비판과 배척을 견뎌 내고 계급 이하의 사람들과 어울리는 부유한 기독교인들을 대하는 복음주의자들의 방법이었을 것이다.

그러나 후원에 대한 이러한 훈계와 코이노니아에 대한 요구는 가난한 사람들에게도 똑같이 적용되며, 또한 그들에게도 많은 것을 요구한다. 예를 들어, 누가복음 6장 27-36절은 후원 관계의 헬레니즘-로마 사회 계층화의 맥락에서 읽을 수 있다.

6:27 그러나 내 말을 듣고 있는 너희에게 내가 말한다. 너희의 원수를 사랑하여라. 너희를 미워하는 사람들에게 잘해 주고,

6:28 너희를 저주하는 사람들을 축복하고, 너희를 모욕하는 사람들을 위하여 기도하여라.

6:29 네 뺨을 치는 사람에게는 다른 쪽 뺨도 돌려대고, 네 겉옷을 빼앗는 사람에게는 속옷도 거절하지 말아라.

6:30 너에게 달라는 사람에게는 주고, 네 것을 가져가는 사람에게서 도로 찾으려고 하지 말아라.

6:31 너희는 남에게 대접을 받고자 하는 대로 남을 대접하여라.

6:32 너희가 너희를 사랑하는 사람들만 사랑하면, 그것이 너희에게 무슨 장한 일이 되겠느냐? 죄인들도 자기네를 사랑하는 사람들을 사랑한다.

6:33 너희를 좋게 대하여 주는 사람들에게만 너희가 좋게 대하면, 그것이 너희에게 무슨 장한 일이 되겠느냐? 죄인들도 그만한 일은 한다.

6:34 도로 받을 생각으로 남에게 꾸어 주면, 그것이 너희에게 무슨 장한 일이 되겠느냐? 죄인들도 고스란히 되받을 요량으로 죄인들에게 꾸어 준다.

6:35 그러나 너희는 너희 원수를 사랑하고, 좋게 대하여 주고, 또 아무것도 바라지 말고 꾸어 주어라. 그리하면 너희는 큰 상을 받을 것이요, 더없이 높으신 분의 아들이 될 것이다. 그분은 은혜를 모르는 사람들과 악한 사람들에게도 인자하시다.

6:36 너희의 아버지께서 자비로우신 것 같이, 너희도 자비로운 사람이 되어라.

이같이 부자를 혐오하는 하층민들은 자신의 삶을 힘들게 하거나 자신의 곤경에 무관심하였던 사람들을 사랑하기 위해 소환되기도 한다. 사실상 가난한 사람들은 자신의 적을 사랑하라는 이 호소의 수신자이기도 하며, 가난한 사람들도 관대하도록 초대되기도 하였다. 부는 실제로 권력과 자급자족을 가져오고, 이는 부자들이 스스로를 격리시키는 동기가 되기도 한다. 따라서 사치스러운 자급자족과 풍요로움은 지역사회로부터 멀어지게 된다(눅 16:19-31). 그러나 비열하고 외로운 것은 부자들만의 몫이 아니다. 우리는 동료 하인의 빚을 용서하지 못한 무자비한 하인(마 18:23-35)이나 모든 사람에게 하루치 임금을 지급한 포도원 주인의 관대함에 화를 낸 일꾼들(마 20:1-15)의 경우처럼, 가난한 사람 사이에도 서로의 차별을 찾아볼 수 있다. 그러므로 부자든 가난한 사람이든, 모두가 서로를 관대하게 대하여야 할 것이다. 이러한 행위는 인간이 할 수 있는 범위 내에서 하나님의 관대함을 모방하는 것이다.

코이노니아는 부자와 가난한 사람, 그리고 사람과 사람 사이에 많은 것을 요구하며, 그것이 재물이든 용서든 자기희생을 수반하게 된다. 그러나 자기희생은 가름할 수 없고, 무차별적이며, 무조건적인 것이기 때문에 사랑과 선물은 받을 자격이 없는 사람에게도, 미워하거나 억압하는 사람에게도 동등하게 주어야 한다.

3. 후원에 대한 신학적, 윤리적 통찰

그리스-로마의 후원 관계(후원과 복종 관행)에 대한 책망은 오랜 윤리적 가르침에 대한 우리의 이해를 풍부하게 한다.

첫째, 상호 존중을 위해 다른 사람을 지배하고 노예로 만드는 것을 포기하는 것은 하나님의 왕국을 실현하는 것이다. 하나님의 나라는 상호 사랑, 염려, 존중에 기초한 완전히 다른 대인 관계, 즉 코이노니아를 요구한다. 코이노니아에 산다는 것은 한마디로 우리가 종말에 사는 방식대로 오늘을 사는 것이다. 계층 구분 없이 자유롭게 교제하는 것이야말로 메시아의 잔치를 미리 맛보는 것이다.

둘째, 후원 관계의 당사자들은 자신들의 노력이 완전히 무익하다는 것을 보여 준다. 후원자들이 다른 사람들 위에 군림하고 복종하는 사람들과 관계를 구축하는 것은 가식이다. 사실, 모든 것을 존재하게 하고 그들의 필요와 행위에 따라 사람들을 공급하는 참된 은인은 오직 한 분이신 하나님이시기 때문이다. 권력과 지배에 기초한 모든 관계는 공허하고, 덧없으므로 의로운 사람들이 부활할 때 하나님이 너에게 갚아 주실 것이라는 말씀처럼 진정한 모습으로 드러날 것이기 때문이다(눅 14:14).

반면 후원받는 사람들은 하나님이 백합과 공중의 새들을 돌보시듯 아버지께서 그들에게 필요한 것을 알고 그들을 위해 훨씬 더 많은 보살핌과 사랑을 주실 것이라는 확신으로, 그들이 먹거나 마실 것에 대해 불안해하지 말라는 부름을 헤아려야 할 것이다(눅 12:22-31). 가난한 사람들과 힘없는 사람들은 걱정할 필요가 없고, 하물며 후원자, 보호자 또는 제공자에게 의지하는 것에 대해 걱정할 필요도 없다. 하나님의 나라를 찾는 사람들에게는 사랑하는 하나님, 좋은 목자, 관대한 아버지의 섭리에 그들의 믿음을 두는 것으로 충분하기 때문이다.

셋째, 후원자와의 관계를 포기하는 것은 그들이 이웃에 대해 그들 자신이 행동하는 방식으로 그리스도를 모방하고 하나님처럼 되는 것이다. 창조의 주 하나님은 세상을 존재하게 하셨고, 그럴 필요가 없을 때 인간을 창조하여 신성한 삶과 행복, 그리고 하나님 자신의 형상과 유사성을 공유하게 하셨다. 역사의 주 하나님은 자기 계시의 주도권을 잡으시고, 신성한 우정의 선물을 주셨으며, 인간과 활기찬 관계(예: 구약성경의 언약)를 추구하셨다.

하나님은 인간의 거듭된 배신에도 불구하고 절대로 선물을 돌려받지 않는 행적을 가지고 계시다. 하나님은 심지어 죄에 의해 산산조각이 난 삶과 공동체를 회복시킨다. 물론 예수 그리스도의 본보기도 있다. 예수님은 화신의 선물로 인간의 육체를 가지고 세상에 오셨다. 화신의 말씀은 생명체를 비난하거나 지배하기 위해 온 것이 아니라, 고통받는 사람들을 설교하고 가르치고 치유하기 위해 온 것이다. 그리고 예수님은 자신을 잔인하게 학대한 사람들까지도 용서하고 사랑하면서 십자가에서 돌아가셨다.

유일한 진정한 후원자인 하나님은 인간 위에 정당하게 군림할 수 있었지만, 대신 우리에게 신성한 우정의 선물을 주셨고, 우리를 하늘의 상속자, 하나님의 자녀, 예수 그리스도의 형제자매로 만들어 주셨다.

넷째, 후원-지배 관계를 포기하고 코이노니아를 포용하는 것은 구제, 나눔, 관대함에 대한 많은 가르침과 이야기를 조명한다(눅 6:30, 행 4:32-37). 코이노니아는 다른 사람들을 형제자매로, 동등하게, 하나님의 동료 자녀로, 도움이 필요한 같은 교회와 그리스도의 몸의 구성원으로 취급하는 것이 동기임을 분명히 한다. 무엇보다도, 코이노니아는 우정에 기반을 두고 있다. 이것은 성경에 나오는 모든 경제 규범의 기초가 된다. 개인이든 공동체든 모든 자비로운 활동은 여기에서 비롯된다.

사람들이 공유하는 양보다 훨씬 더 중요한 것은 공유하는 정신이다. 이 정신은 물질적인 것을 공유하는 것에 자신을 제한하는지, 아니면 자신이 공유하는 모든 것까지 제한하는지를 결정한다. 예를 들어, 두 개의 작은 구리 동전을 가진 과부는 그녀가 살아가는 데 필요한 모든 것을 헌금하였다. 그녀는 자신을 아무것도 억제하지 않았기 때문에, 많은 돈을 헌금한 다른 모든 사람보다 훨씬 더 많이 헌금한 것이다(막 12:41-44). 이렇듯 우정과 사랑만이 정신적 공유로 이어진다. 자선의 목적은 단지 이웃의 가난이나 필요를 덜어 주는 것이 아니라, 우정을 나누는 데 목적이 있다. 우리들은 서로의 안녕에 대한 상호 관심으로 서로를 결속시키며, 진정한 자비는 우정에서 그 완성을 찾아야 한다.

다섯째, 우정은 나눔의 동기로서 혈연, 연민보다 훨씬 더 깊다. 한마디로 우정은 혈연, 감정, 심지어 상상을 초월한다. 우정은 의지의 행위인 사랑에 의존한다. 따라서 크리스천 코이노니아는 단순히 친구와 모든 것을 공유하려는 의지가 아니라, 심지어 적들과도 코이노니아와 그 근본적인 우정을 확장하려는 의지이다.

여섯째, 후원자-수혜자 관계를 포기하고 진정한 모든 사람이 따르는 성령의 능력을 받은 제자도 공동체 안에서 가능하다. 초기 교회의 동료애는 그들이 하나 된 마음과 마음을 갖게 해준 성령 안에서의 공동의 부활과 삶(행 2:38; 4:31)에서 비롯되었다. 결국 인간에게 어렵거나 불가능한 것을 가능하게 해주시는 분은 하나님이시다. 다른 사람과의 우정을 활성화하고 유지하는 것은 하나님과의 우정이며, 하나님과의 우정이 이웃과의 우정으로 넘쳐나게 된다. 이같이 진정한 코이노니아는 오직 하나님의 은총 때문에 가능하다.

일곱째, 빈곤은 단순히 소유권을 포기하는 것이 아니다. 부는 그리스-로마 세계에서 명예와 권력의 중요한 기초이기 때문에, 부자들은 사실상 재산뿐만 아니라, 부가 가지고 오는 모든 것을 포기하라는 요구를 받았었다. 자신들의 부를 버림으로써, 그들은 또한 명예, 지위, 권력을 포기하게 될 것이며 빈곤층, 무방비층, 취약계층으로 사회적 지위가 낮아지게 된다. 이같이 소유권의 포기는 은인, 제공자, 보호자 입장에서 자발적으로 타인의 선의와 자비에 의존하는 반대 입장에 선다는 의미이다. 그러나 실제로 예수님의 완전한 초대는 겉으로 보이는 것보다 훨씬 더 까다롭다. 부자가 슬픔에 잠겨 자신이 가진 모든 것을 포기하지 못하고 예수님을 떠난 것은 놀라운 일이 아니다(막 10:17-22).

여덟째, 그리스-로마의 후원 관계에 비판적인 예수님은 잔치를 베푼 주인에게 의인의 부활로 보상을 받을 것이라고 확신한다(눅 14:12-14). 정의는 관계와 함께 오는 의무를 이행하는 것이다. 사람들이 서로를 동등하게 대하고, 형제자매로 대하고, 같은 하나님의 자녀로 대하기 때문에, 우정은 정의로운 행동이다. 이런 점에서 분명 그리스-로마의 후원은 정의에 크게 미치지 못한다.

요약하자면, 신약성경은 그리스-로마의 후원 관행 대신 펠로우십을 요구한다. 이는 인간이 서로에게 빚지고 있는 상호 존중과 배려의 근본적인 조건이기 때문이다.

4. 타인을 위한 서비스로서의 직업 윤리

상호 배려와 공동체 모두 사회의 모든 구성원들에게 책임감 있는 직업 윤리를 요구한다. 우리는 이것을 모든 가족이 조상의 땅을 어떻게 배분받았는지에 대한 구약성경의 설명, 토지 반환과 토지 상환에 대한 규범, 무이자 부채, 노예 해방, 부채 탕감에 대한 법 등에서 추론할 수 있다. 유대인들의 목표는 스스로를 부양하고 유지하는 데 필요한 독립적인 토지를 소유하는 것이다. 그리고 그들은 십일조와 제물을 바치면서 민족과 성전을 찬양하였고 지혜서에서 나타난 것과 같이 근면의 가치를 거듭 확인하였다.

또한 우리는 바울의 서간에서도 정직한 직업 윤리에 대한 동일한 요구를 발견할 수 있었다. 파루시아가 임박하였다는 예상에도 불구하고, 초기 교회의 구성원들은 여전히 일하고 생계를 유지하여 누구에게도 부담이 되지 않고 대신 가난한 사람들을 도울 수 있을 것으로 기대하였다. 그리고 한정된 자원을 어려운 시기에 떨어져 있는 친척들도 지원해야 하였다. 사도로서 정당한 도움을 요청할 수 있음에도 불구하고 바울 자신은 이러한 직업 윤리와 타인에게 짐이 되지 않으려는 본보기를 보여 주었다.

그리스-로마가 육체 노동을 경멸하는 것과 대조적으로, 노동은 구약과 신약 모두 하나님이 주신 선물(창 1)일 뿐만 아니라 다른 사람들을 배려하고 공동체 전체의 선을 도모하는 중요한 수단으로 작용하였다. 그리고 노동은 선물일 뿐만 아니라 의무이기도 하여 게으른 자를 먹여 살릴 의무도 없었다(살후 3:6-12).

5. 요약

구약성경과 신약성경은 삶의 환경, 사회경제적 문제, 그리고 신학적 관심사에서 큰 차이가 있음에도 불구하고 대인 관계에 대한 가르침은 대체적으로 수렴한다. 구약성경에서 대인 관계는 확고한 사랑(love: hesed), 정의(justice: mispat), 공의(righteousness: tzedaqa)의 삼박자가 배어 있다.

그 결과 선택받은 백성은 이방인과 과부와 고아를 돌보게 되었고, 그들 가운데 가난한 사람이 없게 되었다(신 15:4). 신약성경에서, 초기 기독교인들은 그리스-로마처럼 계급이나 지위를 의식하지 않았다. 그들은 자신들의 사회적 지위에 미치지 못한다고 생각되는 사람들과 자유롭게 교제하였다. 즉, 그들은 계산된 상호주의와 대조적으로, 보답에 대한 기대 없이 진정한 우정과 함께 물심양면으로 자원을 아끼지 않았다. 코이노니아는 기독교 공동체의 공식적인 특징이 되었다. 그 결과 그들은 서로 필요로 하는 것을 돌보았고, 그들 중에는 생활이 어려운 사람이 아무도 없었다(행 4:34). 사실, 쩨다카(tzedaqa)와 코이노니아(koinonia)는 별개의 개념이지만, 그럼에도 불구하고 서로를 동등하게, 그리고 정의, 자비, 연민, 사랑으로 대하는 동일한 지점으로 수렴하였다.

구약성경과 신약성경 사이의 이러한 유사성은 놀랍지 않다. 왜냐하면 쩨다카와 코이노니아 모두 가치에 대한 대인 관계의 중요성에 유사한 뿌리를 가지고 있기 때문이다. 물론, 핵심적인 차이점은 신약의 코이노니아가 훨씬 더 깊고 심오한 기초 위에 자리 잡고 있다. 이제 우리 모두는 그리스도의 입양된 형제자매, 한 하나님의 자녀, 그리스도 한 몸의 구성원들로 그리스도의 열정, 죽음, 부활을 통해 얻은 구원이다. 즉, 제자들의 의무의 범위가 더욱 넓어지고, 서로를 존경하고, 사랑으로 대할 수 있는 근거가 더욱 깊고 강해진 것이다. 따라서 우리 모두는 확고한 사랑, 자비, 정의, 그리고 무엇보다도 우정으로 서로를 대해야 할 더 큰 이유가 있는 것이다.

CHAPTER 5

황금만능 시대를 넘어서

1. 구약에서의 부의 관점
2. 신약에서의 부의 관점
3. 황금만능 시대를 넘어서

11 바알-하몬이라는 곳에 포도원이 있어서 솔로몬이 그것을 소작인들에게 내
어 주고 한 사람 앞에 은화 1,000개씩 바치게 하였네.
12 그러나 내 포도원은 내가 마음대로 할 수 있으니 솔로몬 당신은 은화 1,000
개를 가질 것이며 포도원을 가꾸는 자들에게는 내가 은화 200개를 주리라
(아 8:11-12).

8 내가 속이고 거짓말하지 않도록 나를 도우시며 나를 가난하게도 부하게도
하지 마시고 다만 나에게 매일 필요한 양식을 주소서.
9 그렇지 않으면 내가 배불러서 주를 저버리고 여호와가 누구냐고 말하거나,
아니면 내가 가난해서 남의 것을 도둑질하여 내 하나님의 이름을 욕되게 할
까 두렵습니다(잠 30:8-9).

12 나는 가난하게 사는 법도 알고 부유하게 사는 법도 압니다. 배가 부르건 고
프건 부유하게 살건 가난하게 살건 그 어떤 경우에도 스스로 만족하게 생각
하는 비결을 배웠습니다.
13 나에게 능력 주시는 분 안에서 나는 모든 것을 할 수 있습니다.
14 그러나 여러분이 어려움을 당하고 있는 나를 도와준 것은 정말 잘한 일이었
습니다(빌 4:12-14, 18).

성경에서 경제에 관한 성구가 2,000여 개가 넘는 것으로 알려져 있듯이, 만약 성경에서 경제에 관한 이야기를 제외하면 내용이 엉기고 의미가 뒤죽박죽될 것이다. 그러나 우리가 부를 추구하는 것은 헛된 목표이다. 왜냐하면 부를 추구하는 것은 누가복음 16장에서 언급되었듯이 결국 불평등한 관리(the stewardship of injustice)로 귀

결되기 때문이다.

1. 구약에서의 부의 관점

구약과 신약에서 부의 문제를 보는 관점은 약간 다르다. 신약에서는 보다 직설적인 데 반해 구약에서는 약간 우회적이다. 그리고 성경의 부는 예언과 종말론적 중요성을 모두 가지고 있다. 이는 장차 다가올 세상에 대한 표식이기 때문이다. 계시록 21장 26절에 언급되었듯이 모든 나라 사람들이 영광과 존귀를 가지고 그리로 들어올 것이기 때문이다. 따라서 부의 소유는 영적인 의미도 가지고 있다. 즉, 그 자체가 목적이 아니며 더 나아가 부를 하나님의 축복으로 혼동해서는 안되는 것이다.

구약성경에는 비교적 소수의 정의로운 부자들에 대한 이야기가 전개되고 있다. 예를 들어, 복을 받고 복이 되기 위해서 편안한 삶을 포기하였던 아브라함, 그리고 재산이 사리사욕의 문제라는 것을 시험하려는 사탄으로부터 고난을 겪는 욥을 꼽을 수 있다. 그리고 성서에 나오는 엄청난 부자의 예는 역시 솔로몬을 들 수 있다(역대하 1:11-12).

11 그러자 하나님이 솔로몬에게 대답하셨다. "너는 올바른 선택을 하였다. 네가 부나 재물이나 명예나 또 네 원수를 저주해 달라거나 장수할 것을 구하지 않고 오히려 내 백성을 잘 다스리기 위해서 지혜와 지식을 구했으니,

12 네 요구대로 내가 너에게 지혜와 지식을 주고 또 네 이전의 어떤 왕도 가져보지 못한 부와 재물과 명예도 아울러 주겠다. 그리고 앞으로도 온 세상에 너와 같은 왕이 없을 것이다.

그러나 우리가 아는 바와 같이 그의 사후에 이스라엘은 국가가 분열되고 한참 후에 두 국가가 멸망하는 비극적 최후를 맞이하게 된다.

시장경제주의자인 밀턴 프리드먼(Milton Friedman)은 가끔 논란의 중심에 서는 경우가 있다. 그는 원칙적으로 인적 자원을 포함한 생산 요소 사이에 장벽을 둘 수 있는 모든 것을 거부하였는데, 그러한 장벽은 공급자와 수요자 사이의 자유로운 교환을 방해하기 때문이라고 주장하였다. 그의 이러한 입장은 특히 농업 프로그램, 최저임금법, 노동법, 노령 소득 등 다양한 연구에서 확인할 수 있다. 그러나 신학자 프란츠 힌켈라메르트(Franz Hinkelammert)[1]는 프리드먼의 지지자들이 옹호하는 시장경제 체제를 비판하며 인간의 삶을 살 수 있게 하는 모든 것은 가격이라는 울타리, 즉 동전을 구멍에 떨어뜨려야만 열 수 있는 자물쇠가 달린 우리에 둘러싸여 있다고 지적하

1 Hinkelammert(1986).

였다. 그는 태양, 숲, 공원을 누구도 즐거움에 대한 비용을 지불하지 않고는 즐길 수 없게 될 것이라고 시장경제를 비판하였다. 즉, 시장 시스템 밖에는 더 이상 포도밭—자유롭게 이용할 수 있는 자원—이 없을 것이라는 이야기이다. 자유를 무한한 양의 재화를 담고 있는 무한한 연속의 울타리로 보는 프리드먼의 이상한 비전은 사랑이 국가에 의해 허용되지 않는 조지 오웰(George Orwell)의 소설 『1984』을 떠올리게 한다.

2. 신약에서의 부의 관점

한편, 아가서 8장에서와 같이 이윤 추구, 기업 합병과 같은 세상의 일들과는 달리 사랑은 지혜로 우리를 인도한다. 알다시피 우리가 사는 이 세상은 계시록 18장 23절에서 언급되었듯이 네가 상대하는 상인들이 온통 세상을 지배하였고 너의 마술에 온 세계가 미혹되었으며, 베드로후서 2장 3절 말씀처럼 그들은 욕심을 채우려고 여러분을 착취할 것이다. 그리고 아래 인용된 야고보서 5장 4-6절에서는 부자에 대한 경고가 잘 언급되어 있다.

5:4 여러분이 일꾼들에게 주지 않은 품삯이 소리치고 있으며 추수한 일꾼들의 부르짖는 소리를 전능하신 주 하나님이 들으셨습니다.

5:5 여러분은 이 세상에서 사치와 쾌락을 누리며 잡혀 죽을 날을 눈앞에 두고도 욕심만을 채워 왔습니다.

5:6 그리고 여러분에게 대항하지도 않은 죄 없는 사람에게 누명을 씌워 죽였습니다.

경제적 문제는 단순히 부자와 가난한 자에 관한 문제가 아니다. 창세기 4장에 나타난 바와 같이 죽음과 삶에 관한 문제이다. 솔로몬의 지혜와 경건함은 역대하 1장 11절에서 잘 표현되었듯이 자신을 미워하였던 사람들에 대한 여러 가지 요구를 거절한 결과이다. 이같이 지혜는 항상 생명을 중시하는 것을 포함한다. 또한 경제적 폭력은 주님의 오심에 관한 기독교의 가르침에 위배된다. 야고보는 마지막 날을 위하여 보물을 쌓아두고 부를 축적하고 있는 사람들을 비난하였다(약 5:3). 또한 예수님은 동료 하인들을 학대하거나 방탕한 생활을 한 하인이 주인의 임박한 귀환을 분명히 기대하지 않고 있다고 지적하였다(마 24:48-49). 이와 같은 구절들은 성경이 윤리에 관한 책이 아니라 믿음에 관한 책임을 나타낸다 하겠다. 윤리는 지식에서 구할 수 있지만 지혜는 믿음에서 얻은 것이기 때문이다.

믿음으로 예수님을 십자가에 못 박는 자들의 죄는 바로 "그들이 무엇을 하고 있는지 모른다"(눅 23:34)는 것이다. 잠언의 저자는 지식을 억압하기 때문에 부를 두려워한다. 그러나 가난은 또한 하나님의 명예를 위태롭게 한다. 그러므로 그는 가난한 자와 부자 모두 살려주기를 기도한다.

이같이 가난은 미화되지 않는다는 의미에서 중요하다. 무엇이 중요한 것인가는 무엇이 정의로운가를 선택하는 일인 것이다. 중요한 것은 레위기 19장 15절에서 지적한 것과 같이 가난한 자라고 해서 두둔하거나 세력 있는 자라고 해서 유리한 판결을 내리지 말라는 것이다. 재판은 어디까지나 공정하게 해야 한다는 의미와 상통한다.

그러나 가난도 부도 궁극적인 현실은 아니며, 더 나아가 우리의 삶이 오로지 경제에 관한 것도 아니다. 모든 것이 경제적 구속으로 내몰리는 것처럼 보이는 것은 우리 시대의 불행한 운명이다. 아마도 레이던 대학(Leiden University)의 보케(J. H. Bocke) 교수가 상상한 종류의 세계를 더 이상 시각화하는 것은 불가능할 것이다. 영성과 경제학의 교차점을 연구하면서, 그는 인도네시아의 한 마을이 어떻게 노동의 중심지, 물건을 생산하는 장소가 아니라 주민들이 편안하게 쉴 수 있도록 설계된 휴양지였는지를 언급하였다. 그러나 우리의 현재 시스템은 보케 교수가 언급한 것과 전혀 다르다. 세상은 부유한 사람들과 가난한 사람들 모두의 삶을 더 악화시키고 있기 때문이다.

그럼에도 부자는 가난한 사람들에 대해 책임이 있다(겔 34:18-19). 성경은 부자들이 바늘구멍을 통과하는 것보다 천국에 들어가는 것을 더 어렵게 한다는 규칙에 예외를 거의 보여 주지 않는다(눅 18:25). 그러나 일부 부유한 기독교인들은 그러한 개념, 소위 '좌파 신학'에 대해 이의를 제기하곤 한다. 그들은 교회가 가난한 사람들뿐만 아니라 모든 종류의 사람들을 포함해야 한다고 주장한다. 그러나 이미 성경에서는 인간으로는 불가능한 것은 하나님과 함께 가능함(눅 18:27)을 통해 보여 주고 있다. 부자들이 기억해야 할 것은 가난한 사람들과 마찬가지로 그들의 구원은 오직 하나님으로부터 온다는 것이다. 이같이 그리스도의 삶을 따르는 것은 잠언 30장의 기도에 잘 나타나 있다. 즉, 신중하고 중도적인 삶을 사는 게 아니라 오히려 그리스도 안에서 사는 삶은 빈부에 상관없이 모든 것에 힘을 실어 주기 때문이다.

3. 황금만능 시대를 넘어서

알다시피 사도 바울은 빌립보의 기독교인들과 특별한 경제적 관계에 있었다(빌 4:15). 빌립보교회는 바울의 선교 사업에 자금을 지원하였으나 이러한 관계는 순전히 경제적인 것이 아니었다.

> 14 여러분이 어려움을 당하고 있는 나를 도와준 것은 정말 잘한 일이었습니다(빌 4:14).

이러한 자선 행위는 영적인 의미를 내포하고 있다. 그러나 이러한 표현은 간접적으로 교회에서 가끔 일어나는 일종의 일방적 감사함에 대한 비판을 제공하기도 한다. 하지만 빌립보서 4장 17절에서 사도 바울이 피력한 것처럼 내가 선물을 바라는 것이 아니라 오히려 여러분에게 유익이 돌아가기를 바란 것은 사도 바울과 교회가 서로에게 감사함이 있음을 보여 준다. 즉, 영적인 것이다. 바울을 돕는 것은 사실 하나님을 기쁘게 하는 일이기 때문이다.

한편, 예수님을 판 유다를 포함한 제자들은 희생을 좋아하지 않았다. 그들은 여인이 예수님의 머리에 부은 귀한 기름인 몰약을 낭비라고 생각하였다. 즉, 비싼 몰약을 팔아 가난한 사람들에게 나누어 줄 수도 있었다고 지적하였다(마 26:9). 예수님이 이 문제에 대한 제자들의 의견을 반대한 것은 가난한 사람들에 관한 모든 신학이 성경적이지는 않다는 것을 보여 준다 하겠다(무엇이 적절한 희생을 구성하는 문제, 즉 무엇이 낭비적이고 수익이 없음을 결정하는 데 있어 개신교는 타 종교보다 종종 우위에 있다 하겠다). 그리스도는 그런 가난한 사람들의 대표자가 아니다. 오히려, 그 반대로 가난한 사람들이 그리스도를 나타낸다(마 25:31-46). 가난한 사람들은 그들이 기독교인인지 아닌지에 근거하지 않고 단순히 가난하기 때문에 그리스도를 나타내는 것이다. 이것이 가난한 사람들을 의인화한 예수님이 부자들에게 하고자 하는 말씀이며, 오늘날에도 그 당시와 마찬가지로 사실이다. “가난한 사람들은 항상 함께 있을 것이다”(마 26:11). 해방 신학 지지자뿐 아니라 요한 칼뱅(John Calvin) 등 위대한 개혁가들이 지적하였듯이, 교회가 가난한 사람들을 위한 교회일 수밖에 없는 이유인 것이다.

그리스도 안에서는 모든 현상이 나타나는 것은 가능하다. 예를 들어, 역사적으로 황금만능의 세속화(천민 자본주의)는 국가의 몰락까지도 가져오는 경우를 볼 수 있다. 또한 마법에 걸린 것처럼 권력을 통해 부를 강탈하는 것은 선물이라는 형태로 이루어지며, 이에 대한 보상은 이루어지지 않기도 한다. 이러한 상황에 대한 해결 방안은 자크 엘륄(Jacques Ellul)[2]도 언급하였듯이 하나님이 시혜를 베푸시는 것이라고 할 수 있다. 그리고 사도 바울도 빌립보서 2장 4절에서 "자기 이익만 생각하지 말고 남의 이익도 생각하고 행동하라"고 갈파하였다.

이러한 말씀은 오늘날에도 우리를 향해 외치고 있다. 마치 요나서에서 하나님이 요나의 응답을 기다리지 않고 끝냈듯이 너희가 동의하지 않더라도 차이를 모르는 자, 무지한 자, 자기가 무엇을 하고 있는지 모르는 자를 하나님께서 구원하기로 결정한 것과 같이(행 3:17, 눅 23:34) …. 그리고 사도 바울이 빌립보서 2장에서 믿음과 불신이 만나는 지점에서 성경이 선포하는 깊은 경제적 통찰을 우리에게 전달하고 있듯이 ….

2 Ellul(1984).

CHAPTER 6

조건부 번영의 신성한 질서

1. 최고의 신성한 질서
2. 물질적으로 충분한 하나님의 선물
3. 행동-결과 역학 관계
4. 조건부 번영
5. 요약

성경의 경제적 규범, 격언, 파라엔시스(parenthesis)[1]는 공백 상태에서 발생하지 않는다. 그것은 이유 없이 허공에서 끌어내는 변덕스러운 신의 자의적인 규범이 아니다. 경제적 삶에 대한 가르침들은 앞서 살펴보았듯이, 이러한 상황을 언급한 성경 속 내용에서 비롯된다.

예를 들어, 고통받는 사람들이 도움을 요구하는 것은 하나님이 선택된 사람들에게 하나님으로부터 받은 호의를 다른 사람들에게 베풀라는 구약의 규범에서 비롯되었다. 그리고 예언자들은 죄악이 이스라엘과 야훼(YHWH)와의 특별한 언약 관계와 상반된다는 것을 알았기 때문에 불의에 대하여 경계하였으며, 현자들은 올바른 경제적 행위에 대해서는 하나님의 지혜가 젖어 있다고 이해하였다. 더 나아가 사도들은 부와 권력에 대한 우상숭배를 경계하였는데, 이는 그리스도께서 아버지의 오른쪽에 앉으신 재판관이 되실 것이 확실하기 때문이었다. 실제로 성경 속에서 경제적 가르침은 신성한 계획과 질서를 우리에게 제시하고 있다.

그리고 성경적 경제 규범은 우리에게 하나님의 창조 질서와 그에 따르는 요구 사항을 엿볼 수 있게 해준다. 이 창조의 신적 질서는, 첫째 신의 선함, 완벽함, 지혜를 전달하고, 둘째 모든 생명체는 신의 절대적 주권에 복종하며, 셋째 자연계와 도덕적 삶 모두에서

1 괄호 또는 괄호 문구는 구절에 삽입된 설명 또는 한정 단어, 구, 절 또는 문장.

특정한 질서를 명시하고 있다. 우리는 이 신성한 질서를 완전히 이해할 수는 없지만, 성경의 본문(예: 계시록), 이성, 그리고 우리의 경험을 통해 충분히 분별할 수 있다.

경제적 말씀을 바탕으로 우리는 이 신성한 질서의 특징을 구별할 수 있는데, 이와 관련하여 다음과 같은 추론을 도출할 수 있다.

- 자연계와 인간사는 창조의 신성한 질서에 의해 지배된다.
- 하나님의 창조 질서에는 근본적인 행동–결과 역학이 있다.
- 하나님은 비록 정직한 도덕적 행위 같은, 조건부이기는 하지만 인류에게 물질적으로 충분한 선물을 주셨다.
- 이러한 조건은 또 다른 하나님의 선물로 해석할 수 있는데, 이는 하나님의 섭리에 대한 인간의 참여 선물이다.

다음 각 절에서 위에 열거한 항목에 대하여 보다 자세히 살펴보자.

1. 최고의 신성한 질서

신의 주권을 벗어나는 것은 아무것도 없다. 결국, 모든 생명체는 신으로부터 나오며, 모든 창조물은 존재하는 동안 신에 의해 존재를 유지한다. 성경이 분명히 우리에게 말하는 것은 하나님의 창조에 내재된 매우 구체적인 요구조건을 가진 질서가 있다는 것이다. 즉, 자연계와 인간사는 정해진 특정한 법칙과 역학의 집합에 의해 지배된다. 이러한 신성한 질서는 암묵적으로 또는 명시적으로 성경 전반에 걸쳐 드러나는데, 신명기의 가르침부터 지혜 문학의 질서 윤리, 부정의 끔찍한 결과에 대한 예언자들의 경고, 곧 다가올 심판의 날을 끊임없이 상기시키는 신약성경의 놀라운 반전에 이르기까지 이를 확인할 수 있다.

특히 지혜 문헌에 기술된 바와 같이, 이 신성한 질서의 특징 중 몇 가지를 생각해 보자. 첫째, 신의 우주적 질서(tzedeq)[2]는 창조의 시작에서 비롯되었다. 그것은 생명체의 존재와 모든 현실에 스며들며 시간을 통해 계속되고 신의 통치, 섭리, 정의에 의해 적극적으로 유지된다. 따라서 자연 현상과 인간 현상에서 관찰되는 규칙성과 항상성이 있다(잠 6:6-8; 30:24-31).

둘째, 하나님은 이전에 존재하였던 혼돈을 다루시고 그것을 질서정연하고 알기 쉽고 선하게 만든다. 하나님은 구조물을 포함하여 질서정연하게 작동하는 우주의 설계자이다.

셋째, 정의는 창조 자체에 스며든다. 그것은 생명체가 존재하는 초기 순간부터 그 안에 내재되어 있는 바로 그 창조물 속에 있다.

2 tzedeq는 신 앞에서 떳떳한 정의로움을 나타낸다. 이와 반대로 mishpath는 인간 앞에서 떳떳한 정의로움을 의미한다.

그러므로 심지어 사회적 제도들도 우주적 질서에 젖어 있고 그것들이 기능하려면 질서를 따라야 한다. 이것은 또한 정의가 정직한 인간 행동임을 의미한다.

넷째, 이 우주 질서는 역동적인 현상이다. 혼돈은 신의 창조적인 행위에 의해 지속적으로 저지되어야 한다. 이것은 창조를 지속적인 사건으로 보는 신학적 이해와 일치하며, 오직 하나님만이 필요한 존재를 가지고 있다. 생명체들은 단지 존재 우발적이어서 부패하고, 죽고, 먼지로 돌아가며 자신의 존재를 보장할 수도 없다. 그러므로 신은 생명체가 존재하는 매 순간 자신의 존재(신의 섭리)를 유지하며, 우주는 신의 창조물이기 때문에 창조는 일회성 행위가 아니라 지속적인 활동인 것이다.

다섯째, 지혜는 하나님이 창조하신 첫 번째 기쁨의 원천으로 하나님의 신성한 산물이다. 지혜는 인류에게 우주 질서 안에서 조화롭게 살아가는 길을 보여 준다.

여섯째, 하나님은 혼돈을 막고 신성한 창조의 질서를 유지하는데 인간의 참여와 협력을 이끌어 낸다. 우리가 하나님의 창조적인 행위에 동참하고 우주 질서와 조화를 이루며 살아갈 때, 그 결과로 복지와 번영이 따른다.

일곱째, 하나님은 세상을 초월하면서도 그 안에 계신다. 하나님은 세상을 창조하시지만, 또한 세상을 심판한다.

여덟째, 모든 경이로움을 가진 우주는 하나님의 일이다. 그러나 창조의 경이로움과 그것이 무엇을 드러내는지 그리고 지혜의 여신이 가르칠 수 있는 모든 것을 통해서도 우리는 하나님을 알지 못하고 알 수도 없다. 하나님에게는 불가해한 신비가 있다. 욥과 같이, 인간이 이해하거나 접근할 수 없는 것과 신성한 질서의 모든 특징은 생존의 사실을 강조하는데, 인간은 제약과 의무와 함께 특정한 본성의 영향을 받는다. 그러나 하나님의 은총 덕분에 인간은 본성의 객관적인 요구를 알고 부응할 수 있다. 이러한 객관적 요건은 경제학을 포함한 인간의 모든 삶에 적용된다. 결국 우리가 관심이 있는 것은 이 신성한 질서의 두 가지 특징, 즉 ① 물질적 충분성에 대한 하나님의 선물, ② 행위–결과(원인–결과) 역학이다.

2. 물질적으로 충분한 하나님의 선물

인간은 질서의 일환으로 아무도 부족하지 않고 모두에게 적절한 공급이 있는 물질적 번영을 하나님으로부터 선물로 받았다. 하나님은 이스라엘을 이집트의 속박에서 해방시켰을 뿐만 아니라 '젖과 꿀이 흐르는' 땅에 국가를 세우도록 하였다(출 3:8, 17; 13:5; 33:3, 레 20:24, 민 14:8, 신 6:3). 그곳은 큰 은혜를 입은 땅이었다(민 13:17-27, 신 6:10-11; 8:7-10; 11:10-12; 26:9, 15). 게다가, 사람들은 약속된 땅을 나누어 모든 부족이 토지의 비옥함과 가구 규모에 따라 토지를 갖도록 하라는 지시를 받았다. 모든 부족은 독립적인 지주 가족이 되어 스스로 생계를 유지할 수 있도록 하였다. 이러한 목가적 묘사들은 하나님이 모든 사람이 결핍으로부터 자유로워지기를 의도한다는 의미로 해석할 수 있다. 더욱이 구약에서는 이스라엘을 위한 물질적 번영이라는 하나님의 선물을 보여 주는 서사, 율법과 조항이 풍부하게 나타나 있다.

구약성경과 달리 경제적 안정이라는 신성한 선물은 신약성경에서 반복되는 주제는 아니다. 그러나 우리는 예수 그리스도의 복음과 삶, 사역으로부터 그러한 선물을 유추할 수 있다. 마태복음 6장 25-34절과 누가복음 12장 22-31절의 물질적 충분성에 대한 보장은 신약성경의 다음과 같은 말씀에 의해 뒷받침된다. 첫째, 인간은 하나님의 변함없는 섭리에서 특별하다(마 10:28-32, 눅 12:4-7). 하나님의 시선은 우리에게 일어나는 어떤 일도 놓치지 않는다. 이러한 격려는 사람들이 묻기도 전에 인간의 필요에 주의를 기울이는 것과 같은 신의 섭리이기 때문에 경제 문제와 직접적으로 관련이 있고 전이될 수 있다. 게다가 신에 대한 인간의 효성은 그들이 물질적인 충분함을 누리는 것이 왜 적합한지에 대한 또 다른 이유이다. 예수님은 자식이 굶지 않도록 돌보시는 하나님의 변함없는 배려를 언급하며 열성적으로 기도하는 것의 중요한 이유를 설명한다(눅 11:9-13, 마 7:7-11).

둘째, 예수님의 가르침은 인간들이 생명을 얻되 더욱 풍성히 얻도록 하기 위해 예수님이 오셨다는 것이다(요 10:10). 하나님의 풍성하심은 예수님께서 깨지지 않는 왕국을 선포하고 사명의 jubilee적 성격을 확인하시는(눅 4:16-21) '희년법의 정신에 충실하여 아무도 부족하지 않을 주님의 은혜의 해'라는 설교에서도 드러난다. 물론 삶과 해방, 주님의 은혜를 말할 때 예수님은 하나님의 통치의 충만함이 드러날 미래 종말론의 영적 차원을 주로 언급하셨을 것이다. 이러한 약속들이 궁극적으로 비물질적인 문제들을 다루더라도, 그것들은 본질적으로 물질적 차원을 포함하고 있다. 다시 말해, 미래의 종말론에 대한 약속은 현재의 시점에서도 특별하고 구체적인 효과를 갖는다. 우리는 이것을 예수님의 사명과 삶에서 엿볼 수 있다.

예수님은 자신의 말씀에 따라 이 세상의 나라가 아니라 하늘의 나라로 임하고 있다(요 18:36-37). 그럼에도 불구하고 예수님은 자신을 사람들의 영적인 삶에 제한하지 않는다. 우리는 예수님이 가난한 사람들, 병든 사람들, 굶주린 사람들의 육체적인 필요와 물질적인 욕구를 치유하고 보살피는 것을 종종 발견한다. 소외된 하나님의 나라는 단지 미래의 어느 시점에서 영적인 해방의 약속에 관한 것이 아니다. 종말이 올 때, 그것은 또한 현재의 자유에 대한 약속이다. 그러므로 생명과 풍요에 대해 말할 때, 우리는 그리스도의 사명에 대한 영적인 깨달음으로 우리 자신을 제한할 수 없다. 그런 풍족함과 충만함은 인간의 세속적 질서와도 관련이 있다.

셋째, 영적인 것이든 물질적인 것이든 간에, 예수님이 은총을 어떻게 베푸시는지에 대한 변함없는 특징적 관대함이 있다. 예를 들어, 예수님은 사람들의 질병을 보살피는 데 있어서, 단지 구원을 제공함으로써 건강을 회복시키는 것이 아니고 오히려 그 상태 자체를 완전히 치유한다. 예수님은 단순한 사람에게 먹을 것을 주는 것이 아니라, 많은 사람들과 같이 남은 음식으로 나눈다(요 6:5-13, 마 14:13-21, 막 6:32-44, 눅 9:10-17). 예수님은 단순히 어획량을 제공하는 것이 아니라, 배가 거의 물에 잠길 정도로 많은 어획량을 수확하게 한다(눅 5:1-7, 요 21:1-14). 그리고 예수님은 단지 신혼부부를 당황함에서 구하기 위해 포도주를 제공하는 것이 아니라 최상의 품질과 풍부한 양의 포도주도 제공하였다(요 2:1-11). 일부 학자들은 이러한 사건들이 실제 역사적 사건이라기보다 신학적, 은유적 사건이라고 주장하지만, 이러한 사건들은 하나님이 하시는 특징적 관대함을 보여 준다고 할 수 있다. 그리고 이러한 내용은 모두 메시아의 사역이 풍성함을 예고한다 하겠다.

중요한 것은 이러한 사건들이 본질적으로 역사적인지 신학적인지 또는 그것들이 현재 또는 종말론에서의 풍요를 언급하는지 여부가 아니다. 여기서 핵심은 인간에게 선물을 주는 하나님의 특징적인 특질이다. 그리고 만약 하나님이 그러한 축복을 베풀어 주는데 선물을 인간의 삶의 물질적 조건이 아닌 영적인 영역으로만 제한하는 것은 하나님의 자유로움의 특징이 전혀 아닐 것이다. 우리는 영적인 선물을 나누어 주는 하나님의 인자함(마 18:21-35)이, 포도나무 가지의 열매(요 15:1-8)에서, 만족하고 구원하는 하늘의 빵(요 6:24-35)에서, 또는 예수 그리스도의 화신과 죽음(요 6:24-35)에서 나타난다는 것을 추론할 수 있다. 육체적으로나 정신적으로나 지금 당장 인간의 욕구를 확실히 충족시켜 줄 것인가? 하나님은 인간을 단순한 존재로 보지 않고 창조의 순간부터 하나님의 형상으로 만들어진 특별한 존재로 보았다. 게다가 우리는 우리의 필요를 충족시키는 지구의 관리인이 되었으며, 실제로 구약성경과 신약성경 모두 지구와 인간에게 풍요를 제공하는 데 예리한 관심을 가진 하나님이 계심을 일깨워 준다.

3. 행동-결과 역학 관계

물질적으로 충분하다는 이 선물 외에도, 하나님의 질서는 행동-결과 역학에 의해 특징지어진다. 이러한 결과는 그 원인을 따르게 된다. 도덕적 선택에도 결과는 있다. 우리는 이러한 반전을 법에 대한 충실함의 결과로 번영을 다루는 수많은 성경 구절에서 발견할 수 있다. 이러한 행위-결과적 연결고리는, ① 경제적 행위에 대한 사람들의 책임을 강조하고, ② 삶의 포괄적인 자연적, 도덕적 질서를 지적하기 때문에 경제 윤리에 중요하다.

신성한 정의와 이에 따른 보복은 성경 전반에 걸쳐 중요한 신학적 주제이며, 분명히 작동하는 인과 관계 역학이 있다. 창세기 초부터 아담과 이브가 에덴에서 추방되고, 동생 아벨을 살해한 카인은 끝없이 떠돌아다니고, 바벨에서 사람들이 흩어지고, 노아와 그의 가족만이 살아남은 대홍수와 소돔과 고모라가 멸망하는 장면에서 우리는 인과 관계를 접하게 된다. 정말로, 신성한 정의는 성경 전체에 걸쳐 작용하고 있다. 심판의 날은 확실하며, 모든 사람은 그들의 도덕적 선택에 책임을 질 것이다. 이러한 현상은 하나님의 섭리에 대한 신명론적 교리로 언급되기도 한다. 이것은 또한 행동-결과 연결, 성격-결과 연결, 보상-보복 역학 또는 지혜-덕-번영 연결이라고도 불린다.

이러한 인과 관계 역학은 직관적으로 매력적이며, 인간은 신의 정의보다 더 나은 것을 기대한다. 왜냐하면 신은 모든 것을 잘 알고 있고 전능하기 때문이다. 제임스 크렌쇼(James Crenshaw)[3]는 고대 세계의 지혜의 기본은 창조주가 질서 있는 방식으로 우주를 확립하였고, 옳거나 적절한 행위의 원칙이 창조된 질서를 함께 공유하고 있으며, 인간의 목적은 항상 이 원칙과 조화롭게 행동하는 것이라 확신하였다. 또한 그는 우주의 지배 원리는 자연의 균형을 어지럽혔

3 Crenshaw(1970).

고, 혼돈의 요소를 창조된 질서에 다시 도입하였으며, 따라서 처벌이나 죽음을 받을 수 있다고 생각하였다. 반대로, 적절한 행위는 그것이 우주를 지탱하였기 때문에 보상을 받았고, 그래서 믿음은 매우 실용적으로 되었다고 지적하였다.

삶의 이러한 인과 관계가 모든 경우에 항상 명확한 것은 아니다. 사실 시편에서 보았던 것처럼, 하나님 앞에서 간청하는 사람이 악인은 번영하고 정의롭고 덕 있는 사람은 궁핍에 빠졌다고 한탄하고 있다. 중요한 것은 실증적 검증보다는 현실의 근본적 구조에 기반하고 있다는 점을 이해해야 한다. 이는 원인과 결과 역학의 특성이지 목표는 아니다.

행위-결과를 다루는 수사학은 그러한 인과 관계를 경험적으로 검증하거나 검증하는 것에 대한 것이 아니다. 오히려 항상 자각할 수 있는 것은 아니지만, 지혜와 신의 창조 질서 속에서 변함없는 정의를 가리키는 것이다.

요컨대 행위-결과적 연결고리를 뒷받침하는 것은 하나님이 항상 의인을 돌보시는 신학적 공리이다. 즉, 시편 37장 25절, “나는 지금까지 살아오면서 의롭게 사는 자가 버림을 당하거나 그의 자녀들이 구걸하는 것을 보지 못했다”는 말씀이 그러하다. 또한 창조주이신 하나님이 우주의 질서를 유지하고 죄악을 벌하며 선을 보상하는데 적극적인 관심을 기울이신다는 신학적 공리가 이 연결고리를 지지한다. 따라서 경제적 선택을 포함한 도덕적 선택은 결과적이다.

종교적 삶과 경제적 삶 사이에는 실질적인 활동으로서의 융합이 있다. 둘 다 창조의 신성한 질서의 유지와 재건에 참여하는 동일한 목적을 지향한다. 종교적 삶은 삶에서 진정으로 추구할 가치가 있는 목표를 추구하고 성찰하는 반면, 경제적 삶은 그러한 목표를 실현하는 데 기여함으로써 상호 보완적인 관계를 형성한다.

4. 조건부 번영

신성한 질서의 행위–결과 역학은 물질적 풍요라는 하나님의 선물이 조건적이라는 본질을 강조한다. 물질적 풍요의 선물은 하나님이 창조하신 풍요로운 세상의 본질에서 비롯된다.

그러나 그러한 물질적 번영은 인간이 하나님의 뜻에 따르고, 서로를 사랑하고 돌보며, 우리가 살고 있는 지구에 대한 책임감을 행사하는 정도로만 향유된다. 물질적 충분성은 인간이 하나님과, 인간(타인)과, 그리고 지구와의 올바른 관계를 맺고 유지하는 것에 달려 있다. 즉, 하나님은 인간이라는 대리자를 통해 물질적 번영이라는 신성한 선물에 영향을 미친다. 사실, 구약성경과 신약성경을 넘나드는 영원한 주제는 경제생활에서 신성한 질서의 원인과 결과의 역학이다. 예언자, 사제, 현자, 전도자들은 모두 정직한 도덕적 행위가 긍정적인 결과를 가져오며, 선한 행동과 세속적인 보상 사이에는 직접적인 연관성이 있다고 믿었다.

하나님에 대한 충성은 (법을 준수하든 왕국을 추구하든) 물질적 번영이나 물질적 충분으로 이어지며, 우리는 이것을 오경, 예언서, 그리고 지혜서에서 접할 수 있다. 신명기 28장, 레위기 26장, 시편 37장은 이스라엘이 우상을 갖지 않고 안식일을 지키며 하나님의 법령과 규례를 지키면, 수확이 매우 풍부하고 적들을 이길 것이며 이 땅에 평화가 지배할 것이라고 선택된 백성들에게 확신을 주었다(신 6:1-15; 7:12-14; 8:6-20; 11:8-17; 16:20; 19:8-9, 레 26:1-26, 렘 7:5-7, 사 58, 학 1:1-11; 2:15-19, 말 3:9-12).

레위기 25장 18-22절에서는 휴경을 지키는 사람들에게 "18절 너희는 내가 정해 준 법과 규정을 그대로 준수하라. 그러면 너희가 그 땅에서 안전하게 살 것이다. 19절 너희가 내 말에 순종하면 그 땅은 풍성한 열매를 맺을 것이며 너희는 배불리 먹고 그 땅에서 안전하게 살 것이다. 20절 만일 안식년에 심지도 않고 거두지도 못하면 무엇을 먹고 살겠느냐고 너희가 말하겠지만, 21절 염려하지 말아라. 내가 6년째 되는 해에 너희에게 복을 내려 풍년이 들게 하고 그 양식으로 너희가 3년 동안 먹을 수 있도록 하겠다. 22절 너희가 8년째 되는 해에 밭에 씨를 뿌릴 때에도 여전히 6년째에 추수한 것으로 먹을 것이며 9년째 추수할 때까지도 그 묵은 양식이 떨어지지 않을 것이다"라고 확신을 주셨다.

법은 그 준수나 위반과 함께 오는 축복과 고난에 대해 반복적으로 상기시켜 준다. 젖과 꿀이 흐르는 땅에서 이스라엘이 머무는 기간은 율법을 준수하느냐에 달려 있었다(신 28; 30:16). 이스라엘이 여호와의 계명을 지키면 복을 받을 것이다(신 7:13; 14:29; 15:10, 18; 24:19; 30:16).

마찬가지로, 예언자들은 사람들이 그들의 방식을 개혁하고 계약의 일부에 따라 살도록 설교하고, 간청하고, 유혹하였다. 그들은 충실함은 행운을 가져다주지만, 계속되는 불복종은 파멸을 초래한다고 경고하였다. 사실, 예언자들은 이스라엘과 유다가 그들 스스로에게 내리려고 하는 형벌이 다가오고 있음을 강조하였다. 불의와 악은 오직 욕망과 빈곤으로 이어진다(사 5:8-10). 이스라엘이 성실하기만 하다면 어머니의 젖을 먹듯이 젖을 빨 것이라 하였다(사 66:11-13). 그리고 실제로 유다는 히스기야와 요시아의 언약 복종(왕하 18-20; 22:1-23:30)으로 인해 평화와 번영을 누렸다. 예레미야 22장 13-16절은 요시아 왕(기원전 640-609년)이 공정하게 통치하였기 때문에 음식이나 음료가 부족하였던 적이 없었다는 것을 방자한 그의 아들 여호야킴 왕에게 상기시켰다. 그리고 다니엘은 주님 앞에서 의로움으로 인해 번창하였으며(단 1:8-20), 포도 열매는 여호와께 충실한 사람들을 기다리는 것에 대한 좋은 비유였다(사 5:1-7, 호 10:1, 렘 2:21).

또한 현자들도 지혜서에서 유사한 메시지를 반복하며, 인과 관계 현상을 설명하였다. 부와 번영은 미덕과 근면과 지혜의 산물이며, 이와 대조적으로 빈곤은 게으른 자, 경박한 자, 악인의 몫이었다. 잘못된 행동을 하면 징벌적 결과를 초래하는 기계적 대응이 있었으며(잠 26:27, 시 7:15), 장수와 부귀는 법을 준수하고 미덕을 실천한 자에게 주어지는 보상이었다. 고난과 조기 사망은 악덕과 법 불복종의 결과이었다. 하나님의 은혜와 축복은 한 사람의 수많은 자손(시 112:2; 128:3, 욥 42:13)과 땅, 가축, 소유물의 풍요(잠 3:9-10; 10:4, 6, 15-16, 22; 18:11; 19:4, 시 37:22; 112:1-3, 욥 1:10; 42:12)에서 분명히 나타나며, 아브라함의 위대한 번영에서도 나타난다. 신명기의 공평한 보상교리(신 28; 30)는 정의로운 사람에게도 가끔 역경을 허용할 수 있지만 그것은 그 사람에 대한 시험(삿 2:22-3:6)일 뿐이다.

한편, 우리는 구약성경과 달리 신약성경에서는 율법에 충실하여 물질적 번영을 이루는 반복적 약속을 찾을 수 없다. 대신 우리는 필요로 하는 모든 것을 알고 계신 주님을 통해 무엇을 먹거나 마실지에 대해 걱정한다. 중요한 것은 그들이 먼저 하나님의 나라를 찾아야 하는 것이며 예수님은 그들에게 이 생과 다음 생에 모두 백 배의 축복을 받을 것을 약속한다(막 10:29-30).

그리고 이와 비슷한 예화는 부자와 나사로에 관한 예화(눅 16:19-31)나 마지막에 사람들이 굶주린 사람들에게 음식을 나누어 주었는지, 벌거벗은 사람들에게 옷을 입혔는지, 그리고 고통받는 사람들을 위로는 하였는지에 따라 보상하거나 벌을 줄 것이다(마 25:31-46)라는 예화 등이 있다. 그리고 선행은 늘 보상을 받을 것이라 하였다

(막 10:28-30, 마 6:4, 33). 사도 바울도 갈라디아서(6:6-10)에서 뿌린 대로 거둘 것이라 하였다.

결국, 신구약의 일관된 주제는 하나님의 심판의 확실성이다. 시편 37장 25절에서 지금까지 살아오면서 의롭게 사는 자가 버림을 당하거나 그의 자녀들이 구걸하는 것을 보지 못하였다고 시인이 말한 것과 같이, 사람들은 정당한 보상을 받는다. 그리고 물질적 풍요라는 하나님의 선물은, ① 인간이 하나님의 뜻에 복종하는 것, ② 상호 존중, 배려, 서로 사랑하는 것, ③ 지구에 대한 존중과 보살핌을 조건으로 한다. 이렇게 필수적이며 정직한 도덕적 행위는 부담이 되기는커녕, 인간이 하나님의 다른 선행적인 재능의 충만함을 활용할 수 있는 기회를 제공받는다 하겠다.

5. 요약

경제적 삶에 대한 성서의 훈령, 격언, 훈계는 자연계와 인간사를 뒷받침하는 신성한 질서의 특징을 반영한다. 모든 생물은 이 질서에서 비롯된 객관적인 요건의 대상이 된다. 따라서 경제적 자유, 즉 문제에 대한 인간의 자유는 절대적인 것이 아니라 제약과 긍정적 의무로 구분된다. 그리고 성경의 도덕성과 경제성은 서로 잘 어울리기 때문에 두 관계를 바로 잡는 것이 중요하다. 성경에서 정의는 우리의 다양한 관계에서 요구되는 바를 충족시키는 것으로 정의된다. 경제생활은 사람들의 노동 분업과 공유 자원에 대한 의존도를 고려할 때 복잡한 관계의 그물망으로 표현될 수 있다.

도덕적인 삶과 경제적인 삶 모두 번영하는 것은 우리가 하나님과의 관계, 서로와의 관계, 그리고 지구와의 관계를 바로 잡는 기능이다. 앞서 언급한 바와 같이, 종교적 삶과 실천적 활동으로서의 경제적 삶 사이의 융합은 실로 상호 보완적이다.

올바른 도덕적 행위를 통해 이러한 관계를 바로 잡는 것이 불편한 강요나 부담으로 여겨져서는 안 된다. 결국, 이러한 관계의 요구에 부응하는 것은 (자급적이고 아무것도 필요로 하지 않는) 하나님을 위한 것이 아니라, 우리 자신을 위한 것이다. 그래서 우리는 하나님이 허락하신 은혜의 선물에 대해서 감사할 수 있는 것이다.

CHAPTER 7

모두에게 충분함

1. 불평등한 지구
2. 성경 속 풍요함
3. 그럼 잉여를 어떻게 관리할 것인가?
4. 무엇과 누구의 잉여?

1. 불평등한 지구

우리는 풍요함과 부족함의 괴리가 엄청나게 큰 세상에 살고 있다. 세계은행의 보고에 따르면, 현재 지구상에서 하루에 1달러도 안 되는 돈으로 연명하는 인구가 10억 명이나 되고, 지구 인구의 절반 정도 되는 30억 명이 하루에 2달러로 연명하는 것으로 조사되었다.

그리고 유엔아동기금(UNICEF)의 조사에 의하면, 세계 어린이의 절반 정도 되는 10억 명의 어린이가 극도의 빈곤, 전쟁과 HIV/AIDS에 노출되어 있는 것으로 밝혀졌다. 그리고 매년 1,000만 명이 넘는 5살 이하 아동이 영양 결핍과 이에 관련된 질병으로 희생당하고 있다. 그리고 아동들뿐만 아니라 빈곤국가의 12억이 넘는 인구가 부실한 영양 상태, 식수 부족, 부적절한 쉼터, 빈약한 의료시설과 교육 부재로 시달리고 있다. 게다가 지난 20년 동안 제3세계의 외채는 크게 증가하였다.

세계 인구가 폭발적으로 증가함에 따라 이러한 빈곤 문제를 해결하는 것은 매우 큰 도전이 되고 있다. 매년 1억 명의 인구가 증가하면 2050년에 이르러는 지구상의 인구가 90억이 될 것으로 예상된다. 그리고 인구 증가의 90%가 최빈국인 개발도상국에서 발생할 것으로 예측되고 있다.

세계 경제 성장과 국가 간 교역의 증진으로 인해 빈부 간의 격차가 해소될 가능성이 있으나, 세계 경제의 침체와 끊이지 않은 국지적인 전쟁 등으로 최빈국의 빈부 격차는 나아질 기미가 보이지 않는 형편이다. 1980년 브랜트 위원회는 각국이 군비 확장을 하기 전에 무기 수요를 줄여 자원을 활용하는 방안을 마련하려 하였다. 그러나 이러한 방안은 무기 생산 및 수출과 관련하여 각국의 정책이 무기산업과 뒤엉켜 있어 쉽지 않은 상황임을 보고하였다. 비슷한 시기에 나온 한 연구 결과를 보면, 세계가 무기 지출을 5% 줄이는 대신 빈곤국의 의식주에 적절하게 투자한다면 향후 20년 내에 절망적인 가난에서 벗어날 수 있다고 분석하였다.[1] 이렇듯 범세계적 군비 축소만큼 인간의 존엄과 생존을 위해 제3세계에 기본 투자를 증가하는 것은 도덕적이며 배려하는 정책이 될 것이다. 2005년 세계 선진국 모임인 G8은 세계최빈국 18개국이 안고 있는 부채 400억 달러를 탕감해 주는 정책을 발표하였다. 탕감된 부채로 최빈국들이 보건위생, 교육, 가난구호를 위한 투자에 사용하도록 하였다. 그리고 NGO단체인 희년 부채탕감위원회(Jubilee Debt Campaign)는 빈곤과 기아와 질병으로부터 보호하고자 최소한 62개의 저개발국 부채를 전부 탕감해 주자는 주장을 하기도 하였다. 당시 영국 총리였던 토니 블레어(Tony Blair)는 G8 지도자들에게 이러한 국제적 투자와 지원을 위해 매년 500억 달러의 원조를 하자고 주장하기도 하였다. 이와 같

1 Jegen and Wilbur(1979).

이 제3세계의 빈곤과 질병 퇴치를 위해 매년 군비를 축소하고 인류에 투자한다면 큰 진전을 이룰 수 있을 것으로 기대된다. 그렇지만 제3세계를 위한 투자는 제대로 이루어지지 않고, 이란, 탈레반과의 전쟁, 우크라이나 전쟁 지원 등과 같은 전비로 소모되어 세계 빈곤도는 개선될 전망이 불투명해 보인다. 여기서 우리는 마태복음 25장 45절 말씀을 되새겨 보자. "내가 분명히 말하지만 너희가 이 보잘것없는 사람 하나에게 하지 않을 일이 곧 내게 하지 않은 일이다."

2. 성경 속 풍요함

하나님은 창세기 첫 장부터 풍요(식물과 물고기와 새와 동물을 부르심)를 말씀하시고, "바다의 생물들은 번성하여 바다를 채우고 공중의 새들은 번성하여 땅을 채워라"(창 1:22)고 명령함으로써 지속적인 풍요를 약속하였다. 하나님의 관대함은 하나님이 이 모든 것을 아주 좋게 선포하는 6일째에 완성된다(창 1:30-31). 그리고 창조를 지탱할 수 있을 만큼 충분한 것을 주신 하나님은 일곱째 날을 안식의 날로 선포하셨다.

하나님은 아브라함과 사라 그리고 그들의 가족을 축복하였고 그들에게 모든 민족의 백성을 축복하는 축복이 되라고 말씀하셨다.

이 축복의 주제는 창세기 47장까지 계속된다. 그러나 창세기 47장에서 이집트에 기근이 닥쳐 파라오는 요셉을 통해 식량 공급을 통제하고 독점하였다. 파라오는 기근의 위협을 방어하기 위해 얻을 수 있는 모든 것을 비축함으로써 희소성의 원칙을 경제에 도입하였다. 인간이 만든 이 부족함에서 이스라엘 사람들은 파라오에게 많은 빚을 지게 되었고, 그들은 '자유 시장의 탐욕'을 통해 파라오의 노예가 되었다.

출애굽으로 이스라엘이 파라오의 노예에서 해방된 후 수 세기가 지나, 하나님은 그들을 경제적 억압과 궁핍에서 구원하기 위해 결정적으로 개입하셨다. 하지만 자유는 두려운 것이었고 인간의 본성에 진실로 남겨진 것은 많지 않았다. 그러나 그들이 직면한 불확실성과 불투명한 상황, 희소성, 뚜렷한 생명 유지 시스템이 없는 곳보다 더 나아 보이기 시작하였다. 그리고 그들의 두려움 속으로, 작고 얇은 식량, 즉 만나가 갑자기 모습을 드러낸다. 하나님이 주신 이 관대한 선물, 만나는 배고픔에 대한 그들의 두려움과 불안을 잠재웠고 그들이 부족한 장소라고 생각하였던 곳은 놀라운 풍요의 장소로 바뀌었다.

하나님의 풍요에 대한 이야기는 신약에도 이어진다. 세례자 요한과 예수님이 사람들을 불러 회개시켰을 때 현실 세계에도 적용되었다. "그럼 우리는 무엇을 할까요?"라는 질문에 대해 세례자 요한은 몇 가지 좋은 답변을 하였다. "옷이 두 벌 있는 사람은 없는 사람과 나누어 입어야 하고, 먹을 것도 그와 같이 나누어 먹어야 한다"(눅 3:11). 만약 어떤 사람들은 너무 많이 가지고 있고 다른 사람들은 너무 적게 가지고 있다면, 성경의 대답은 누구도 너무 많이 가져서는 안되고 누구도 너무 적게 가져서는 안된다는 것이다. 그리고 우리는 자신의 행복과 만족, 안전을 위해 지속적으로 노력하고, 우리의 시간과 에너지를 투자해야 한다는 생각을 일깨워야 한다.

세례자 요한은 우리는 정의와 평화를 위해 노력하고 천국 투자에 정성을 쏟아야 한다고 말하였다. 세례자 요한의 메시지는 사회적 책임이다. 옷과 음식은 도움이 필요한 사람들과 공유되어야 하고, 지도자의 탐욕을 위해 세금을 거두어서는 안되며, 가난한 사람들에 대한 억압을 중단해야 한다는 것이다. 예수님은 로마 제국의 억압과 착취 속에서 태어나고 자랐다. 이 불공평한 세상에서 부유하고 힘 있는 사람들은 가난하고 불리한 사람들을 경멸하고 그들 사이의 간격을 유지하기 위해 노력하였다. 하지만 이것은 원래 창조주의 의도된 것이 아니었다. 예수님은 하나님 나라에 대해 많은 것을 가르쳤다. 예수님께서 뜻하시는 것은 상호 의존과 지원의 공동체이었다. 예수님은 가는 곳마다 하나님의 풍요로움과 인간의 필요 사이의 격차를 줄이고 재조정하고자 하였다. 맹인들은 시력을 회복하고, 절뚝거리는 사람이 걷게 되고, 나병 환자들은 깨끗해지고, 귀머거리들은 듣고, 가난한 사람들은 빚에서 해방되었다.

예수님이 무리를 먹이신 것은 하나님을 통해 새로운 세상이 정제된 예이다. 배고픈 군중에게 먹을 것을 나누어 주는 임무를 맡은 제자들이 빵 다섯 개와 물고기 두 마리를 가진 아이를 발견하자 예수님께 가져가서 축복하고 빵을 나누어 주었다. 여기서 예수님은 세상이 모두가 충분히 풍요롭게 가득 차 있다는 것을 보여 주었다. 이 예화를 통해 예수님은 사회 구조를 고치고 공동체 생활을 재건하는 일에 나선 것이다.

만약 우리가 창조주의 관대함과 이웃의 필요 사이의 연결고리라면 어떠할까? 하나님의 풍요가 실재하고 희소성이 신화에 불과하다면 '우리는 무엇을 해야 하는가?'라는 질문은 하나님의 풍요를 어떻게 관리하고 재정리할 것인가에 대한 질문이 될 수 있다.

3. 그럼 잉여를 어떻게 관리할 것인가?

누가복음 12장 13-21절까지 예수님은 사탄이 인간을 올가미에 빠뜨려 부를 잘못 사용하게 되는 경우를 보여 주고 있다. 부자 농부가 하늘의 도움으로 풍성한 수확을 거두자 쌓아 놓을 곳이 모자라 걱정을 하게 되었다. 비록 이 농부가 실제로 인식을 하지는 못하였겠지만 이 예화의 실제 질문은 내 노력으로 얻지 않은 것 또는 내가 필요치 않은 것을 나는 어떻게 할 것인가? 또는 한마디로 잉여를 어떻게 관리할 것인가에 대한 예화라 할 수 있다. 이 농부는 내 곳간을 헐고 더 크게 지어 그곳에 내 모든 곡식과 물건을 쌓아 두겠다고 생각하였다. 이렇게 사회와 격리되고 혼자만의 영역을 구축하려 한 것이다. 그러나 누구도 혼자서 부를 축적할 수도 없다. 풍성한 수확을 허락하신 분도 하나님이시고 또 타인의 도움으로 풍작을 이루어 낼 수 있었던 것이었다. 현실에서도 마찬가지이다. 아무리 잘나가는 재벌 기업이라 할지라도 근로자가 없으면 제품을 만들지 못하고, 또 소비자가 없으면 제품을 팔 수 없는 경우와 흡사하다고 할 수 있다. 이 농부는 본인의 안위와 행복을 위해 재산을 축적하려 한 것이고, 이는 결국 하나님의 잉여물을 잘못 관리한 것이다. 그러나 하나님은 그에게 어리석은 자야 오늘 밤에 네 영혼을 내가 데려가면 네가 지금까지 쌓아 둔 것은 누구의 것이 되겠느냐고 힐난하였다. "자기를 위해서 재산을 쌓으면서도 하나님께 대하여 부유하지 못한 사람은 바로 이와 같은 사람이다"라고 말씀하셨다. 그럼 이 모든 것들이 누구의 것이 될 것인가? 하나님이 거저 주신 잉여분은 이제 원래 하나님께서 의도하였던 대로 사용될 것이라는 뜻일 것이다. 풍요로운 삶은 자신을 위한 비축이 아니라 하나님과 하나님의 목적인 '네 이웃을 네 자신처럼 사랑하는 것'을 위해 부를 모으는 데 있다. 우리는 하나님의 예기치 못한 관대한 선물들을 어떻게 관리할 수 있을까? 하나님이 농부들에게 흙, 씨앗, 태양, 비의 선물을 주셨듯이, 농부들은 수확을 위해 더 노력해야 할 것이다. 모든 인간의 재능과 능력도 하나님이 주신 선물이다. 따라서 우리가 가진 모든 것은 우리의 것이 아니라 오히려 하나님이 우리에게 빌려준 것이다. 수확이나 잉여금은 어디서나 균등하지 않다. 어떤 곳은 흑자를 내고, 어떤 곳은 적자를 낸다. 하나님의 분배가 '하늘에 있는 그대로 땅에서도 이루어지길' 바라는 하나님의 뜻에 따라 진행되도록 인간에게 맡겨진 이유인 것이다. 따라서 잉여는 하나님의 모든 자녀, 즉 하나님의 세계 공동체에 있는 모든 사람의 이익을 위해 관리되어야 한다.

4. 무엇과 누구의 잉여?

시너지 효과는 다음과 같이 정의할 수 있다. "각 기관의 동시 작용은 개별 효과의 합보다 총효과가 더 크다." 경제 시스템의 작동 내에서 이러한 시너지 효과는 200년 이상 경제적 성공을 가져왔다. 문제는 시스템이 다른 시스템보다 이러한 시너지 효과로 더 큰 수익을 얻을 수 있는 방식으로 작동한다는 것이다. 모든 인간은 창조주의 아낌없는 동반자이다. 우리 모두는 어떤 식으로든 국가 경제에 참여하지만, 어떤 사람들은 다른 사람들보다 불균형적으로 더 많은 이익을 얻는다.

그리고 경제 시스템에서 발생하는 전체적인 흑자가 있다. 잉여금은 국민이 소비하지 않고 일정 기간 동안 창출된 상품과 서비스의 국가 전체 경제 생산에서 차지하는 비중으로 발생하며, 생산에 사용된 자본 장비를 대체하는 데 사용되지 않기 때문에 나타난다. 이 잉여금은 기업 이익, 개인 저축, 순익의 일부 조합으로 발생하며 투자, 그리고 정부 예산 흑자로 발생할 수 있다. 이 흑자는 경제에서 실질적인 방식으로 참여하는 모든 사람의 시너지 효과의 결과로 생성된 것이다. 흑자가 축적되는 곳은 상당 부분 세금과 이자, 정부 지출과 보조금과 같은 경제 정책의 결과이다.

빌 게이츠(Bill Gates)와 같은 세계에서 가장 부유한 사람들은 자수성가하였을까? 이 부유한 부자가 어떤 누구의 도움 없이 부를 축적할 수 있었을까? 빌 게이츠의 마이크로소프트에서 일하는 수준 높은 교육을 받은 연구원들에게 제공한 교육서비스 제도는 어떠한가? 그들은 사회로부터 받은 혜택에 대해 사회에 보답할 의무가 없을까? 이러한 모든 기여 요인, 특히 그를 위해 일하는 직원들이 없었다면 게이츠는 엄청난 부를 이루는 데 도움이 되는 시민 사회의 특별한 혜택을 누릴 수 없었을 것이다. 따라서 공정성은 사회로부터 가장 많은 혜택을 받은 사람들이 공동의 이익을 위해 가장 큰 기여를 할 것으로 기대한다.

공익을 위한 가장 큰 공헌으로 게이츠는 자신의 자선 재단에 280억 달러를 기부하였고 재단은 그중 80억 달러를 기부하였지만, 여전히 게이츠는 재산이 400억 달러로 추정되는 세계에서 가장 부유한 사람이다.

공정성의 개념은 사람들이 그들이 받은 것에 비례하여 돌려주어야 할 의무가 있다는 것이다. 미국의 탐스 치약의 톰 채펠(Tom Chappell)은 기업들이 사회적인 역할을 해야 한다고 믿고 있다. 그가 1993년에 출간한『기업의 영혼: 이윤과 공동선을 위한 경영』(*The Soul of Business: Managing for Profit and the Common Good*)에서 사업의 궁극적인 목표는 이윤이 아니라고 다음과 같이 주장하였다. "이윤은 단지 인간의 건강과 존엄성을 확인하고 환경의 건강인 공동선을 확인하는 궁극적인 목표를 향한 수단일 뿐이다." 탐스 코퍼레이션은 상대적 기준으로 세전 수익의 2% 정도를 기부하는 것이 관대하다고 여겨질 때, 세전 수익의 10%에 해당하는 막대한 금액을 자선단체에 기부하였다. 또한 회사는 직원들에게 3개월의 유급 출산 휴가를 제공하고, 육아 보조금을 제공하였으며, 근로자들이 유급 노동 시간의 5%를 자원봉사에 사용하도록 장려하였다. 이 밖에도 아이스크림 회사인 벤 앤 제리스, 더 바디샵, 스토니필드 팜, 워킹 에셋과 같은 사회적으로 책임 있는 회사들의 성장은 소비자들이 공공의 이익을 증진하는 데 큰 역할을 하고 있다.

이같이 공평의 개념은 사람들이 받은 것에 비례하여 돌려주어야 한다는 것이다. 우리나라의 기부금 규모는 2022년 기준 15조 6,000억 원으로서 GDP 대비 0.75%로 나타났다. 그러나 우리나라의 기부지수는 세계 119개국 중 88위를 기록하였다. 한국의 기부지수는 코로나19 확산이 정점을 이루었던 2021년에는 110위로 사실상 꼴찌에 가까웠다. 이는 기부선진국으로 분류되는 미국, 호주, 영국은 물론, 중국(49위)보다 낮은 수준이다. 최근 10년간 한국의 순위는 2011년 57위에서 2022년 88위로 30계단이나 하락하였다. 반면 중국은 같은 기간 140위에서 49위로 대폭 상승하였다.[2]

미국의 기부금은 2016년에 약 3,900억 달러로 GDP의 2%에 달하는 것으로 집계되었다. 그리고 부유층에 대한 큰 폭의 감세는 감세가 더 큰 자선 기부를 유도할 것이라고 기대하였으나 이런 일은 발생하지 않았다. 연소득이 16만 달러 이상인 사람들의 93%는 자선 기부를 하였지만, 고소득자들은 2016년에 수입의 2%인 평균 5,805 달러를 기부하였다. 반면 저소득자들은 수입의 12%인 평균 934달러를 기부한 것으로 나타났다. 이렇듯 자발적, 자선적 기부가 인간의 욕구 증가와 정부 세입 사이의 격차를 메울 수 있는 추세는 아닌 것 같다. 이런 면에서 누진과세의 개념은 공평의 원칙에 기초하고 있다고 할 수 있다.

지난 수십 년 동안의 이런 추세 중 많은 것들이, 인간이 하나님의 풍요에 대해 보다 관대하게 대응한 사례들과는 상반되게 진행되어 왔다. 빈곤층과 노령층의 증가나 예산을 방만하게 운용하는 것보

2 이는 한국이 팬데믹에 의한 경기 불안으로 기부 심리가 위축된 반면, 중국은 세계경제대국 2위로의 도약과 인민이 함께 부유해지자는 '공동부유' 운동이 확산된 결과로 앞으로도 양국의 격차는 더 커질 가능성이 있다.

다 더 심각한 것은 지금부터 영원히 1,000조 원 이상의 빚을 갚아야 하는 우리의 자녀들과 손자들을 속박하는 것이다. 그리고 후손들을 더 어렵게 만드는 상황은 부채 규모가 상상을 초월할 정도로 증가한다는 사실이다.[3] 그러나 진정으로 우리에게 필요한 것은 사회 간접자본 등 인프라를 개선하고 재건하는 것, 건강과 교육을 개선하는 것, 환경을 보호하고 사회안전망 구축과 의료 보장을 강화하는 것이며, 이는 모두에게 최소한의 충분함을 보장하는 조건이 될 것이다.

3 2023년 상반기 전 세계 부채 규모가 307조 달러(약 40경 7,800조 원)까지 불어나며 사상 최대치를 기록한 것으로 집계되었다. 국제금융협회(IIF)는 이 같은 내용의 '세계 부채 보고서'를 발표하였다. 보고서에 따르면, 지난해 시작된 금리 인상으로 이자가 늘었고 각국 정부가 경기 침체를 피하기 위해 확장 재정을 편성하면서 원금 자체도 늘어났기 때문이다. 특히 우리나라 국내총생산(GDP) 대비 가계부채 비율은 100%를 웃돌며 주요 61개국 중 네 번째로 높아 부채 부담이 큰 것으로 나타났다.

CHAPTER 8

달란트와 므나의 예화

1. 달란트의 예화
2. 므나의 예화
3. 두 예화의 비교
4. 그리스도인들이 기대하는 것

14 또 하늘나라는 여행을 떠나면서 종들을 불러 자기 재산을 맡긴 사람과 같다.
15 주인은 각 사람의 능력에 따라 한 사람에게는 다섯 달란트를, 또 한 사람에
게는 두 달란트를, 다른 한 사람에게는 한 달란트를 각각 맡기고 여행을 떠
났다.
16 다섯 달란트 받은 사람은 곧 가서 그것으로 장사하여 다섯 달란트를 더 벌
었고,
17 두 달란트 받은 사람도 두 달란트를 더 벌었다.
18 그러나 한 달란트 받은 사람은 가서 땅을 파고 주인의 돈을 묻어 두었다.
19 오랜 후에 주인이 돌아와 그들과 셈을 하게 되었다.
20 다섯 달란트 받은 사람이 다섯 달란트를 더 가지고 와서 "주인님, 제게 다섯
달란트를 맡기셨는데 보십시오, 다섯 달란트를 더 벌었습니다" 하고 말하였다.
21 그래서 주인이 그에게 "잘하였다, 착하고 충실한 종아, 네가 작은 일에 충실
하였으니 내가 너에게 많은 일을 맡기겠다. 너는 주인의 기쁨에 참여하여라"
하였다.
22 두 달란트 받은 사람도 와서 "주인님, 제게 두 달란트를 맡기셨는데 보십시
오, 두 달란트를 더 벌었습니다" 하고 말하였다.
23 그래서 주인은 그에게도 "잘하였다, 착하고 충실한 종아, 네가 작은 일에 충
실하였으니 내가 너에게 많은 일을 맡기겠다. 너는 주인의 기쁨에 참여하여
라" 하였다.
24 그런데 한 달란트 받은 사람은 와서 "주인님, 저는 주인님이 아무 수고도 하
지 않고 남이 심고 뿌려 놓은 것을 거둬들이는 지독한 분으로 알았습니다.
25 그래서 저는 두려워서 주인님의 돈을 땅속에 묻어 두었다가 가져왔습니다.
보십시오, 주인님의 돈이 여기 있습니다" 하였다.
26 그때 주인이 이렇게 대답하였다. "악하고 게으른 종아, 네가 나를 그런 사람
으로 알았느냐?
27 그렇다면 내 돈을 은행에 맡겼다가 내가 돌아왔을 때 이자와 원금을 함께 받

도록 했어야 하지 않느냐?
28 그가 가진 한 달란트를 빼앗아 열 달란트 가진 사람에게 주어라.
29 누구든지 있는 사람은 더 받아 넘치게 되고 없는 사람은 있는 것마저 빼앗
길 것이다.
30 이 쓸모없는 종을 바깥 어두운 곳에 내쫓아라. 거기서 통곡하며 이를 갈 것
이다"(마 25:14-30).

11 예수님이 예루살렘 가까이 오셨고 또 사람들은 하나님의 나라가 곧 나타날
것으로 생각하고 있었기 때문에 예수님은 그들이 이 말씀을 듣고 있을 때 비
유를 들어
12 다시 말씀하셨다. "어떤 귀족이 왕위를 받아오려고 먼 나라로 가게 되었다.
13 그래서 그는 열 명의 종을 불러 한 므나씩 나누어 주면서 "내가 돌아올 때까
지 이 돈으로 장사를 하라" 하였다.
14 그러나 그의 백성은 그를 미워하여 대표단을 뒤따라 보내 "우리는 이 사람이
우리 왕이 되는 것을 원하지 않습니다" 하였다.
15 그 귀족은 왕위를 받아 가지고 돌아와서 돈을 맡긴 종들이 장사를 어떻게
했는지 알아보려고 그들을 불렀다.
16 그러자 첫 번째 종이 와서 "주인님, 저는 한 므나로 열 므나를 벌었습니다"
하고 말하였다.
17 그래서 주인이 그에게 "잘하였다, 착한 종아. 네가 아주 작은 일에 충실하였
으니 네게 열 도시를 다스리는 권한을 주겠다" 하였다.
18 두 번째 종은 와서 "주인님, 저는 한 므나로 다섯 므나를 벌었습니다" 하고
말하였다.
19 그래서 주인은 그에게도 "네게 다섯 도시를 다스리는 권한을 주겠다" 하였다.
20 그런데 다른 종은 와서 이렇게 말하였다. "주인님, 주인님의 한 므나가 여기
있습니다. 내가 이것을 수건에 싸서 잘 간수하였습니다.

21 주인님은 지독한 분이시기 때문에 내가 주인님을 두려워하여 그렇게 했습니
다. 주인님은 남의 것을 빼앗아 가고, 심지도 않은 것을 거둬들이십니다."
22 그러자 주인이 그에게 말하였다. "이 악한 종아, 내가 네 말로 너를 판단한다.
너는 내가 남의 것이나 빼앗고 심지도 않은 것을 거둬들이는 지독한 사람인
줄로 알았느냐?
23 그렇다면 왜 내 돈을 은행에 맡기지 않았느냐? 그랬더라면 내가 돌아왔을 때
이자와 원금을 함께 받을 수 있지 않았겠느냐?"
24 그러고서 주인은 곁에 선 사람들에게 "그에게서 한 므나를 빼앗아 열 므나
가진 사람에게 주어라" 하고 말하였다.
25 그러자 사람들이 "주인님, 그에게는 이미 열 므나가 있습니다" 하였다.
26 그래서 주인이 대답하였다. "내가 너희에게 말하지만 누구든지 있는 사람은 더 받
을 것이고 없는 사람은 있는 것마저 빼앗길 것이다"(눅 19:11-26).

1. 달란트의 예화

이 예화는 돈을 주제로 다루었으며 한마디로 돈이 있는 사람들이 더 많이 받을 것이라는 말씀으로 요약할 수 있다. 내용은 다섯 달란트[1]를 투자하고 다섯 달란트를 더 벌어들인 일꾼에 관한 것인데,

1 당시 한 달란트를 지금 원화로 환산하면 약 10억에 넘는 큰 금액이다. 그리고 당시 화폐 단위는 달란트>므나>데나리온>앗시리온>고드란트>렙돈이며 한 데나리온이 하루 품삯 정도(당시 로마군의 평균 연봉이 225데나리온)였다.

그의 주인은 그를 높이 칭찬한다. 예수님이 이렇게 명확하게 말씀하신 이유는 우리가 가진 돈을 일에 쓰거나, 재능과 능력을 발휘하여, 확장하는 것이 거룩한 의무임을 가르치고자 비유로 언급하셨다. 이 비유는 사람들의 일상적인 경험에서 비롯된 공통된 이미지를 사용하여 메시지를 전달하고 있다. 당시는 농업 경제여서 모든 사람이 파종에 익숙하였고, 땅을 일구고, 등잔대에 램프를 설치하는 등의 일을 하였다. 그러나 우리는 그 이미지들이 전하는 메시지의 본질을 구체적인 설명이 아니라 비유적인 표현으로 이해해야 한다.

예수님이 등잔대에 대한 비유를 말할 때, 사람들을 특정한 종류의 등잔대를 사기 위해 시장으로 보내려는 의도가 아닌 것과 같은 맥락일 것이다. 또한 예수님은 우리에게 수익 극대화를 위해 투자하라고 조언하지 않으며, 예화에 성공한 투자자는 상징에 지나지 않는다. 예수님의 비유는 하늘나라와 그 나라의 일꾼들의 관계에 관한 것이다. 이 예화는 현명하고 어리석은 처녀들의 이야기 뒤에 나온다. 그들은 신랑이 오기를 기다리며 등불을 계속 켜야 하였다. 예수님은 여기서 "그러므로 깨어 있으라. 너희는 그 날과 그 시간을 알지 못한다"(마 25:1-13)라고 말씀하셨다. 그리고 이 예화 이전에 예수님은 "그러나 내가 오는 그 날과 시간은 아무도 모른다. 하늘의 천사들과 아들도 모르고 오직 아버지만 아신다"(마 24:36)라고 말씀하셨다. 이러한 말씀은 투자자가 계산된 위험으로부터 이익을 얻기 위해 합리적인 조치를 취할 수 있는 현실을 거의 설명하지 못한다.

2. 므나의 예화

달란트의 비유와 비슷한 버전은 누가복음 19장 11-27절에도 언급되어 있는데 누가복음은 다른 맥락을 가지고 있다. 예수님은 그의 제자들과 예루살렘으로 여행할 때 본인이 어떻게 고통받아야 하는지를 제자들에게 말하였지만 제자들은 이해하지 못하였다(눅 18:34). 또한 예수님은 이 여정에서 맹인을 치료하시고 세금 징수관 삭개오를 만나셨다. 삭개오는 예수님을 만나 회개하고, 자신이 속여서 취한 돈을 4배로 갚겠다고 약속하였다. 이 4배 상환은 단순히 강탈한 금액을 돌려주는 것만으로는 불가능하였을 것이다. 왜냐하면 그것은 단지 100%의 상환만을 가정할 수 있기 때문에 보상은 그의 자본에 대한 투자 수익에서 나온 것임에 틀림없다. 제자들은 삭개오의 개종에 매우 깊은 인상을 받았는데, 특히 예수님이 지금 그들이 믿는 하나님의 나라가 도래할 예루살렘에 가까이 있다는 점을 고려할 때 그렇다. 이 시점에서 누가가 예화를 기록한 것은 맥락상 예상하였던 것과 다르므로 좋은 소식은 아닐 것이며, 왕국의 논리에 정면으로 어긋나는 것처럼 보이므로 이 비유는 위기에 기초하고 있다 할 수 있다. 예수님은 사실상 "주변을 둘러보고 보이는 것을 묘사하라"고 말씀하셨다. 그러고 나서 예수님은 우리가 전도서에서 읽은 것만큼 삶에 가까운 이야기를 말씀하신다. 예수님은 세속적인 권력이 어떻게 작동하는지 제자들에게 보여 주셨다. 그리고 다른 비유와 마찬가지로, 이 비유는 당시의 역사적인 사실과도 관련이 있다. 사실, 예수님이 헤롯왕과 아르켈라오스를 구체적으로 언급하셨어도 아무런 문제가 없었을 것이다. 헤롯은 예수님이 태어났을 때 유대의 왕이었다. 그가 죽었을 때 아르켈라오스는 자신을 왕위 계승자로 여겼다. 그는 다음 유대 왕이 되기 위한 공식적인 승인을 얻기 위해 로마로 떠났다. 한편, 50명의 유대인 대표단도 특별 임명에 반대하기 위해 로마를 방문하였다. 아르켈라오스는 그 당시에도 잔인함으로 명성이 높았고, 그를 왕으로 원하는 유대인은 거의 없었다. 그러나 아르켈라오스는 임명을 받았고, 돌아오자 당연히 유대인들에게 피비린내 나는 복수를 하였다. "그리고 너희는 내가 왕이 되는 것을 원치 않던 저 원수들을 이리 끌어다가 내 앞에서 죽여라"(눅 19:27). 그는 정말 폭군이었다. 그러므로 누가복음의 주인은 마태복음의 주인과 같지 않다. 마태의 관심사는 지상의 왕국들의 논리가 아니라 천상의 왕국이었다. 그것의 의도는 천국의 모습인 파루시아를 나타내기 위한 것이었다. 마태의 비유에 나오는 주인은 외국으로 나가서, 자신의 전 재산을 모든 종들에게 나누어 주고 그들과 유익한 동업 관계를 맺었다. 이제 종들은 주인의 귀환을 기대하며 살아가지만, 그 귀환 날짜가 정해져 있지 않기에 주인이 영원히 사라진 것처럼 행동하려는 유혹이 있었다(마 28:48-50). 그리고 그가 갑자기 돌아왔을 때, 주인과 종들은 함께 그들의 행동을 평가하며 서로를 동등한 파트너로 인정하게 된다.

여기서 누가의 예화와 비교해 보도록 하자. 누가복음에서 주인은 그의 일꾼 중 일부를 불러 10므나[2]의 돈을 10명에게 나누어 주고, 그들에게 자신이 돌아올 때까지 이 돈으로 장사를 하라고 지시하였다. 이 비유는 돈이 더 많은 돈을 만들어 낸다는 내용을 담고 있다. 어떤 일꾼은 10배의 이익을, 또 다른 일꾼은 5배의 이익을 내었다. 그리고 동시에 이익 창출자들은 권력 구조에서 높은 지위를 가진 10개와 5개의 도시를 다스릴 권한을 보상으로 받았다. 그러나 1므나로 아무것도 하지 않았던 일꾼은 그마저도 빼앗겨 1므나를 부유해진 사람에게 주지 않을 수 없었다. 이러한 거래 방식은 세속적인 통치자들과 피지배자 간에 충성심이 보상받는 방법이었다. 충성심은 대가를 받는 반면 불충실함 또는 소극적인 행위는 불명예를 의미하였다.

3. 두 예화의 비교

반면 마태복음의 예화에서 수확량은 원래 주어진 양과 같았다.

2 그리스어로 minas는 대략 3개월치의 임금에 해당하였다.

마태는 처음부터 누가와 달리 기본적으로 수익률에 대해서 강조하고 싶지 않았던 것 같다. 즉, 말하고자 한 바는 물질적 양이 아니고 능력이 핵심이었다. 능력은 그 자체로 증가하는 힘을 가지고 있다. 이것이 바로 하나님의 긍휼이다. 마태는 주인과의 관계 문제를 어떻게 해결해야 할지에 대해 우리들이 낙담하거나 무력감을 느끼지 않도록 고무적인 메시지를 제공하였다. 그것은 자신의 믿음에 대해 긍정적인 것과는 아무 상관이 없고 하나님의 자비심에 따라 능력이 성취됨을 보여 주었다. 물론 마태복음에서도 이익을 전혀 얻지 못하는 종이 있었다. 그에게도 가혹한 대가가 내려졌다. 주인은 사실상 그에게 말한다. "이 악한 종아, 내가 네 말로 너를 판단한다. 너는 내가 남의 것이나 빼앗고 심지도 않은 것을 거둬들이는 지독한 사람인 줄로 알았느냐?"(눅 19:22) 이것은 은혜를 크게 거절하는 것과 같고 마음의 종교가 쇠로 변한 것이다. 신학자 톰 나아스테패드(Tom Naastepad)[3]는 작금의 경건하지만 메마른 많은 교회의 현실에서 이런 종류의 사고방식을 발견할 수 있다고 지적하고 있다. 나아스테패드는 그의 책 마태와 누가의 여덟 가지 예화에서, 숫자 5, 2, 1의 상징적인 의미를 설명하였다. 5는 모세의 토라 다섯 권을 의미하며, 2는 모세와 예언자들의 계속되는 전통을, 그리고 1은 살아 있는 토라, 율법, 그리스도이신 피할 수 없는 인물로 자신을 계시하시는

---

3 Naastepad(1978).

한 분이신 주님을 의미한다고 주장하였다. 이 종에게 거절당한 분이 바로 그리스도이다. 한 달란트를 받는 사람에게 이 선물은 "그의 삶에서 이질적인 것일 것이다. 그리고 그것은 그의 존재의 일부를 형성하지 않았고 하나님의 은혜 없이도 할 수 있는 것이며 실제로 그는 이러한 상황을 선호하였다." 그는 삶에서 소외되어 있었고 두려워하였으며 이런 종류의 두려움은 매우 공격적이었다.

따라서 이를 극복하는 방법은 관계를 형성하는 것이다. "하나님의 집에 들어갈 때 조심하라. 가까이 가서 말씀을 듣는 것이 자기 잘못을 알지 못하는 어리석은 자가 제사를 드리는 것보다 낫다"(전 5:1). 이 구절은 하나님과의 친근함보다는 신뢰를 강조한다. 처음에는 하나님의 말씀이 있고, 하나님이 우리에게 가까이 오시고, 다음에는 우리가 그 말씀을 듣고 경외함으로써 하나님이 더 가까이 다가온다. 그러나 우리는 여기서 좀 더 주의하여 본문을 살펴볼 필요가 있다. 마태복음서의 달란트 비유에서 시제가 과거완료시제(had received)가 아니라 과거시제(received)로 되어 있다. 마태복음 25장 24절의 한 달란트를 받은 종에 관한 기술도 모두 과거시제이다. 이는 무엇을 의미하는가? 이는 그 종이 앞으로 나아가지만 듣기 위한 전진은 아니라는 의미를 내포한다 할 수 있다.

4. 그리스도인들이 기대하는 것

이 예화들은 기대와 관련이 있고 현대 경제학에서는 '효용'으로 설명될 수도 있다. 그러나 그리스도인들은 다른 것을 기대하며 산다. 마태복음 24장 44절 "그러므로 너희도 준비하고 있어라. 생각지 않은 때에 내가 올 것이다"라고 말씀하셨듯이, 그리스도인들은 예수님의 재림을 기대하며 살아간다. 이러한 기대는 유대 전통에서 비롯되었고, 바울이 로마서 9장부터 12장 3절에서 권면으로 마치는 이유이기도 하다.

"그러므로 형제 여러분, 내가 하나님의 자비를 생각하며 권합니다. 여러분의 몸을 하나님이 기뻐하시는 거룩한 산 제물로 드리십시오. 이것은 여러분이 드릴 영적 예배입니다"(롬 12:1).

바울은 그것이 자신의 자명한 봉사, 한마디로 본인의 사역이라고 말한다. 여기에서도 종의 이미지가 사용되어서 'latreia'라는 단어가 등장한다. 이 단어는 원래 임금을 받거나 노예로 봉사한다는 의미를 지니며, 이 사역은 자신의 이야기를 전하는 활동이다.

누가복음 17장 9절에서는 주인이 노예의 봉사에 감사해야 하는지 의문을 제기한다. 예수님은 우리가 명령받은 모든 것을 해야 하며, 그 후에 우리는 하나님의 계획에 따라 '쓸데없는 노예'였음을 인정해야 한다고 말씀하신다. 우리는 시키는 대로 해야만 했기 때문이다. 우리는 메시아의 일을 대신하지 못하며 왕국을 세우지도 못한다. 우리는 목표를 얻기 위해 우리가 해야 할 일을 다하였을 뿐이다. 돌이켜 생각해 보면, 우리는 모든 일을 다하였을 때 한 일이 가치가 없다는 사실을 인정해야 한다. 하나님은 우리의 노력과 유용성에 상관없이 누구에게나 연민을 가지고 계시기 때문이다. 하나님은 모세에게 "나는 은혜 베풀 자에게 은혜를 베풀고 불쌍히 여길 자를 불쌍히 여길 것이다"라고 말씀하셨듯이(롬 9:15) 말이다.

전도서의 '허영심'이라는 단어를 사용하는 허무함은 수동적인 행위에 대한 변명이 되지 못하지만(우리는 해야 할 일을 해야 하기 때문에) 이는 우리의 고백이기도 하다. 우리는 메시아의 오심과 하늘 나라를 지상에 성취하실 분을 섬긴다고 믿음으로 고백해야 한다. 우리는 토기장이의 진흙과 같아(롬 9:20-21) 스스로는 창의성이 없는 쓸모없는 재료이기 때문이다.

로마서 12장 2절 "여러분은 이 세상을 본받지 말고 마음을 새롭게 하여 변화를 받으십시오. 그러면 하나님의 선하시고 기뻐하시고 완전하신 뜻이 무엇인지를 알게 될 것입니다"라는 말씀은 우리가 유용성과 효율성을 추구함으로써 다스림을 받는다는 것을 의미한다. 이는 사도 바울이 말하는 하나님의 뜻을 이해하는 것 중에서 하나님의 자유로운 은혜에서 나온 삶의 반대되는 경우가 될 것이다. 그리고 "하늘에 계신 너희 아버지께서는 이 모든 것이 너희에게 있어야 할 것을 다 알고 계신다"라는 마태복음 6장 32절의 말씀과 같이 하나님의 뜻과 우리의 선행은 상관이 없다.

마지막으로 만일 우리가 스스로를 쓸모없는 종(눅 17:10)으로 생각한다면 무능하다는 평결을 내리시는 분은 하나님이나 예수님이 아니다. 우리의 일에 대해 "우리는 무익한 종입니다"라고 선언해야 하는 것은 바로 우리 자신이다. 하나님은 우리를 그렇게 심판하지 않으시며 우리의 행위를 거부하지 않으신다. (그리스도께서 요구하시는 것처럼) 우리가 할 수 있는 모든 일을 다하고 우리의 모든 책임을 받아들였을 때 그러면 우리는 "잘하였다 착하고 충성된 종아"(마 25:21)라는 하나님의 말씀을 들을 수 있음을 확신할 수 있을 것이다.

CHAPTER 9

매튜 효과

9 귀 있는 사람은 잘 들어라."
10 제자들이 예수님께 와서 "저 사람들에게는 왜 비유로 말씀하십니까?" 하고 묻자
11 예수님은 이렇게 대답하셨다. "너희에게는 하늘 나라의 비밀을 아는 것이 허락되었으나 저 사람들에게는 허락되지 않았다.
12 있는 사람에게는 더 주어 넘치게 하고 없는 사람은 가진 것까지도 빼앗길 것이다(마 13:9-12).

사회학자 로버트 머튼(Robert Merton)은 과학에서의 보상과 의사소통 시스템 과정에서 발생하는 비대칭성의 문제(부익부 빈익빈 현상)를 마태복음 13장 12절을 인용해 매튜 효과(Matthew effect)라고 이름 붙였다. 그의 표현에 따르면, 사회적 과정은 명성과 자원 측면에서 특권을 더 가진 과학자들을 우대하면서 그러한 측면에서 특권을 덜 가진 과학자들에게는 박대함으로써 보상 배분(예: 보상, 평판, 출판물)이 조작될 수도 있다고 보았다. 기실 명문대학 소속 교수는 일반대학 소속 교수보다 일반적으로 연구 용역을 더 많이 수주하는 편이며, 따라서 대학원 과정이 활성화되어 있음을 알 수 있다. 그러므로 발표 논문도 훨씬 많아 연구 분야에서 부익부 빈익빈 현상이 나타나는 매튜 효과를 쉽게 목도할 수 있다.

그리고 우리는 현실 경제 전반에서도 이러한 현상을 쉽게 접할 수 있다. 선진국과 후진국 간의 소득 격차는 물론 한 국가 내에서 부자와 빈자 간의 소득 격차를 통해 매튜 효과를 접할 수 있으며, 이는

시간이 지날수록 더욱 심화되는 현상을 보이고 있다.

토마 피케티(Thomas Piketty)는 경제성장이 소득과 부의 분배와 어떠한 상관관계를 맺고 있는지에 관한 역사적이고 이론적인 연구를 수행해 왔다. 그는 『21세기 자본』에서 지난 3세기에 걸친 20개국 이상의 경제학적, 역사적 데이터를 수집해 자본소득이 노동소득보다 우위에 있음을 밝혔다. 그는 특히 국민소득에서 최상위 소득의 비중이 장기간에 걸쳐 변화한 양상에 관심을 두고 연구하였다. 연구에 따르면 17세기 이후 자본수익률이 경제성장률보다 항상 앞질렀음을 보여 주었으며, 모든 국가에서 그 편차가 21세기에 들어 더욱 커지고 있음을 확인하였다. 이러한 일련의 연구를 통해 그는 성장과 불평등 사이의 관계를 낙관적으로 조망한 사이먼 쿠즈네츠(Simon Kuznets)의 이론[1]에 근본적인 의문을 표하고, 소득과 부의 분배의 역사적인 변화 추이에서 정치 제도와 재정 제도의 역할을 강조하여 경제적 불평등의 정책적 대안으로 글로벌 자본세 도입 등을 주장하였다. 그리고 이러한 소득 격차는 교육, 정보, 언어, 디지털에 의해 더욱 확대되고 있음을 알 수 있으며 기업에서도 마찬가지이다. 즉, 시장에서 선점 기업이나 대기업의 영향력은 아이디어 창출력, 자금 동원력, 브랜드 파워(brand power) 면에서 갈수록 커지고 있는 것이다.

그러나 여기서 우리가 주의할 점은 예수님이 과연 부익부 빈익

---

1 성장 초기에는 불평등이 상승하지만 성장이 궤도에 오르고 선진경제가 되면 불평등이 감소한다는 이론이다.

빈 현상을 뜻하는 의미로 소위 매튜 현상을 설명하였겠느냐는 점이다. 즉, 현대 사회에서 말하는 승자독식의 세상을 용인하였겠느냐는 점이다. 우리가 조심해서 앞뒤 문단을 읽어 보면 절대 그렇지 않음을 알 수 있다. 마태복음 13장 13절 이하에서 예수님은 "저들은 보아도 알지 못하고 들어도 깨닫지 못하므로 나는 저들에게 비유로 말한다"고 말씀하셨듯이 12절의 매튜 현상은 비유로 말씀하신 것이고, 특히 영적인 세상의 현상을 의미하셨다고 보는 것이 맞을 것이다. 이때 한 가지 의문이 생기게 된다. 그럼 영적인 세상에서는 매튜 현상이 발생하는 것일까? 성경에 나타난 예수님의 말씀을 종합해 볼 때 영적 세계에서의 승자독식 현상은 가능하다. 마태복음 13장 23절의 말씀 "좋은 땅에 뿌려진 씨는 말씀을 듣고 깨닫는 사람을 가리킨다. 그런 사람은 100배, 60배, 또는 30배의 열매를 맺는다"라고 말씀하셨듯이 깨달은 사람은 많은 열매를 거두게 되는 것이다. 성경에서 말하고자 하는 매튜 현상에 대해서 좀 더 자세히 살펴보자.

기업가를 포함해서 많은 사람들이 훌륭한 일을 행한다. 그러나 이들에게 네트워크, 기반, 작업 환경을 제공하는 국가와 기술의 도움 없이는 아무것도 할 수 없다는 사실 또한 분명하다. 역사학자 리처드 토니(Richard Tawney)는 "자신의 업적을 도움 없이 자신의 노력으로 이루었다는 사업가의 순진한 심리학보다 더 호기심이 많은 속임수는 거의 없다"[2]라며 이것을 일종의 '개인주의자의 콤플렉스'라고 불렀다. 다행히도, 그가 이 단어들을 쓴 이후 수십 년 동안 많은 기업가들은 사회 질서에 대한 새로운 비전을 얻어 자신들이 이 질서에 의존한다는 것을 깨달았을 뿐만 아니라, 종종 사회적으로 책임감 있는 방법으로 행동하려고 노력하고 있다. 좋은 예로서 워런 버핏(Warren Buffet)이나 빌 게이츠처럼 자신이 형성한 부의 많은 부분을 사회를 위해 사용하는 뉴스를 접하곤 한다. 그리고 예를 들어 삼성그룹이 아무리 좋은 제품을 생산한다 하더라도 그 제품들을 사용할 소비자가 없으면 제품 생산은 아무 의미가 없다. 현대 자본주의 사회에서 내가 벌어 내가 쓰는데 무슨 상관이냐고 하는 사람이 많다. 맞는 이야기이다. 그러나 그 재산을 모으기까지 혼자만의 힘으로 이루어 냈겠는가? 절대 그렇지 않다. 거래 상대가 분명히 있었을 것이고 많은 제도와 시스템의 도움을 받았을 것이다. 국가 간 무역에서도 마찬가지이다. 기업이 수출해서 벌어들인 달러로 원유를 수입할 수 있으며 해외여행도 하고 유학도 갈 수 있는 것이다. 폐쇄경제라면 내가 국내에서 돈을 많이 벌었다 한들 달러가 없이는 외국에서 원자재를 사 올 수도 없어 경제 활동이 크게 제한될 것이다. 이렇듯 세상은 혼자만의 힘으로 사는 것이 아니다. 눈을 크게 뜨고 시선을 돌리면 모든 것이 연결되어 있어, 내가 잘나서가 아니라 내 생각과 물건을 사주는 사람이 있어서 이렇게 부를 축적하였음을 깨닫게 된다.

---

2 Tawney(1937).

이렇듯 내가 일을 해서 버는 것은 전적으로 나의 노력과 선택에 귀속된다는 자유주의적 관념은 최근에 나타난 현상이 아니다. 리처드 토니는 17세기 청교도들의 소책자를 인용하며, "의심의 여지가 없지만, 부는 악인들에게 좋은 부분보다는 경건한 부분이어야 한다. 경건함은 이 삶과 앞으로 다가올 삶에 대한 약속을 가지고 있기 때문이다"라고 말하였다. 특히 미국에서는 경건한 삶을 사는 사람들이 보상받는 것을 약속하는 설교의 전통이 이어져 왔다. 이러한 전통은 경제적 성공을 종종 기독교인들의 경제관과 동일시하는 경향을 낳았다. 실제로, 종교적이든 비종교적이든, 경제학의 모델은 성공을 개인적인 가치의 문제로 간주하여 나의 부는 나의 경제적 미덕의 결과라고 치부하였다. 이러한 이미지와 사고방식은 서유럽에서 유래하였지만 이제는 세상 대부분에 적용되어 가난한 사람들은 실패한 사람들로 간주하는 경우도 종종 있다. 물론 이런 종류의 자기 정당화는 신앙에 의한 정당화와는 정반대의 경우이다. 하지만 경건한 자본가는 가진 자가 더 받을 것이라는 예수님의 말씀을 다음과 같이 이해할 것이다. 즉, 돈이 없으면 돈을 벌 수 없다. 따라서 돈을 벌기 위해서는 투자가 필요하다. 고통이 없으면 얻는 것도 없다. 만약 자금을 조금만 가지고 있다면 경쟁적인 시장에서 빨리 탈락할 수 있으므로, 경쟁에서 이기기 위한 유일한 방법은 더 많은 것을 추구하는 것이다. 즉, 부자는 더 부유해지고 가난한 사람은 더 가난해지는 것이다.

이제 다시 논의를 매튜 현상으로 돌아와 보자. 물론 문제는 예수님의 말씀을 우리의 사적인 경제생활로 적용하려는 마태 효과적 사고방식에 있는데, 이는 예수님의 비유의 본래 의도가 아니다. 자크 엘륄[3]은 기술이 인간을 공격한다고 일찍이 간파하였다. 즉, 현대 사회에서 개인은 더 이상 다른 사람들과 관계를 맺지 않고 오로지 테크닉을 지향한다고 보았다. 그는 이러한 인간의 돌연변이 같은 변화는 집단주의 이론이나 누군가의 권력 의지에 의해 만들어진 것이 아니고 그 원인은 훨씬 더 심오하며, 동시에 인간적이면서도 비인간적이라고 하였다. 비인간적인 면은 사물과 상황에 의해 발생하는 반면에, 인간적인 면은 현대인의 마음속 욕구에 예외 없이 응답하기 때문이라고 설명하였다. 이런 완고한 마음을 가진 사람들은 성경을 자신에게 유리하게 해석할 수밖에 없을 것이다.

그러나 예수님의 말씀을 일방적으로 물질적인 관점으로만 보는 것은 큰 모순이다. 예수님이 파종자의 비유에 대해 말한 후, 제자들은 비유에 의문을 제기하였다. 이에 예수님께서 다음과 같이 대답하셨다. "하늘나라의 비밀을 아는 것이 너희에게 주어졌지만, 그들에게는 주어지지 않았다." 이어 "가진 자에게는 더 많은 것이 주어지고 풍요로워지겠지만 없는 자에게는 가진 것마저 빼앗길 것" (마 13:12)이라는 논란의 말씀을 하신다. 예수님이 왜 예화로 가르치

---

3 Ellul(1964).

시는지를 설명해 달라는 요청을 받은 경우가 복음서 곳곳에 나타난다. 종종 우리는 오해를 하고 제대로 이해하지 못하기 때문에 진부한 적용을 하는 경향이 있다. 사실은 '파종자의 예화'나 '재능자의 예화' 모두 돈과는 전혀 관계가 없기 때문이다. 그렇다면 이러한 말씀들은 무엇을 의미하는가? 성경은 상식적인 지혜의 책도, 숨겨진 추상적인 이론서도 아니다. 그리고 현대적인 의사소통 전략처럼 발신자가 수신자에게 영향을 미치기 위해 메시지를 전달하는 수단을 사용하는 책은 더더욱 아니다. 현대의 광고판이나 30초짜리 텔레비전 광고는 단순하고 명확하며 공격적인 메시지를 통해 효과를 얻으려 한다. 그러나 성경은 우리가 선택하고 싶을 때 선택할 수 있는 독립적인 교리의 모음이 아니다. 이렇듯 예수님의 메시지도 그렇지 않다. 예수님은 공공장소에서 비유를 종종 사용하셨는데, 이는 현대의 의사소통 이론처럼 청취자들을 단지 수동적인 메시지 수신자로 여기지 않았기 때문이다. 예수님은 청중 가운데 일부는 비밀을 도저히 이해할 수 없지만, 다른 일부는 이미 비밀의 일부인 신비를 공유하고 있다고 생각하셨다. 결국, 성령은 말하는 행위와 듣는 행위 모두에 존재하며, 설교만으로는 이해를 보장할 수 없다. 따라서 말하는 사람과 듣는 사람이 함께 교감하며 예수님의 말씀의 방향을 파악하여야 한다. 예수님도 스스로 말하지 않으셨다. 말하는 자와 듣는 자 모두 위대한 제3자, 즉 말 뒤에 있는 성령과의 교감을 통해 그 의미를 이해해야 하였다. 말하는 사람과 듣는 사람 모두 이 미스터리에 사로잡혀 있었으며, 귀와 눈을 동시에 가지고 있는 사람들을 목표로 하였다.

예수님 시대 랍비 중 한 명인 바바 메치아(Baba Metsia)는 "하나님은 인간에게 억압적으로 오는 것이 아니라 인간이 그를 받아들이는 힘과 동등하게 다가온다"고 하였다.

16 "그러나 너희는 눈으로 보고 귀로 들을 수 있으니 행복하다.
17 내가 분명히 말한다. 많은 예언자들과 의로운 사람들이 너희가 보는 것들을 보고 싶어했으나 보지 못하였고 너희가 듣는 것들을 듣고 싶어했으나 듣지 못하였다"(마 13:16-17).
25 그때 예수님은 이렇게 기도하셨다. "하늘과 땅의 주인이신 아버지, 이것을 지혜롭고 영리한 사람에게는 숨기시고 어린아이들에게는 나타내시니 감사합니다(마 11:25).

이처럼 이 메시지들은 이미 마음이 열려 있는 사람들을 위한 것이다. "네가 주는 척도가 네가 얻는 척도가 될 것이다"(막 4:24). 문제는 듣는 사람들에게 있다. 듣는 것은 우선 참여의 문제이다. 만약 그들이 이미 메시지를 마음속에 받아들였고, 이를 공유하였다면, 영적으로 성장할 것이며 그들에게 훨씬 더 많이 주어질 것이고 많이 받을 것이다. 하지만 아무것도 없는 사람들은 가진 것조차 빼앗길 것이다.

마지막으로 예수님의 비유의 표현 방법에 대해서 논하도록 하자. 마가복음 4장 24절에서 예수님이 "듣는 것에 주의하라"며 듣는 것을 "잘 생각하라"고 말씀하시는 것도 이 때문인데, 이는 듣는 방법과 듣는 이유를 잘 생각하라는 뜻이다. 예수님 말씀을 들을 때 우리는 소극적인 신앙인이어서는 안된다. 우리는 예수님의 말씀을 통해 자기 확신에 귀를 기울일 수도 있고, 어쩌면 우리의 존재에 대한 공격으로 받아들일 수도 있다. 더 나아가 우리는 반론을 준비하거나 또는 무언가에 걸려 넘어뜨리려고 하거나 합리적인 분석의 대상으로 삼을 수도 있다. 만약 그렇다면, 우리는 바리새인들과 율법학자들과 같게 될 것이다. 그들의 주석 중 하나는 예수님의 비유에서 메시아의 신비를 피할 수 있는 천 가지의 가능성이 있다고 말한다. 하지만 가르침을 이해하는 사람들에게는 청각은 귀를 기울이게 되고, 인지는 인식이 되고, 신비는 친밀감으로 바뀌게 될 것이다.

메시아의 존재는 우리를 사로잡는 미스터리이지만, 우리는 그것에 대해 비밀스럽게 말할 필요는 없다. 우리는 예수님의 말씀을 이해하기 위해 우리 자신을 비유하는 사람으로 이끌 수도 있다. 한 걸음 더 나아가 예수님의 비유는 일상생활에서 더욱 선명한 이미지로 부각되기도 한다. 바울이 고린도후서 3장 2절에서 "여러분은 우리 마음에 기록되어 있고 모든 사람이 알고 읽는 우리의 편지와 같이 '읽을 수 있는 편지'와 같다"고 말한 것처럼, 예수님의 말씀은 살아계신 하나님의 성령으로 쓴 것이며 돌판에 새긴 것이 아니라 사람의 마음에 새긴 것이 되는 것이다. 결국 "등불을 켠 후에 등잔대 위에 놓아서 들어오는 사람들이 등잔불을 보게 하도록 하고 너희는 내 말을 귀담아 들어라. 누구든지 가진 사람은 더 받을 것이고 갖지 못한 사람은 가졌다고 여기는 것마저 빼앗길 것이니"(눅 8:16, 18)라고 누가가 말한 바와 같이 우리는 성령의 힘으로 깨어 있어야 더 받을 수 있다.

CHAPTER 10

지속적 성장에 대하여

1. 공동 인식
2. 손실된 부분 되찾기
3. 지구 헌장(Earth Charter)

인상주의 화가인 폴 고갱(Paul Gauguin)은 타히티에 있는 동안 인간들이 한 번쯤은 생각해 보았을 기본적인 질문인「우리는 어디에서 왔고, 우리는 무엇이며, 어디로 가는가?」[1]라는 작품을 그렸다. 아마도 이러한 질문들에 대한 대답은, 부분적으로 창조 과정에서 모든 것의 조화와 아름다움 속에서 하나님의 손길을 발견하는 것과 같을 것이다. 이렇게 하나님의 손자국은 섬세한 장미꽃부터 찬란한 일몰에 이르기까지 모든 곳에 존재한다. 따라서 우리가 어떻게 창조되었는지를 이해하려고 하고 생명의 기원을 찾아 나서는 것은 자연스러운 일인 것이다.

1. 공동 인식

일부 학자들은 구약성경(창세기 1장과 2장)이 기원전 6세기 이스라엘 유배 기간에 쓰였다고 한다. 성경 속 이야기들은 문서로 만들어지기 전까지 수 세기 동안 구전으로 내려왔다. 왜 유배 기간에 이런 이야기들을 문서로 기록할 필요가 있었을까? 이스라엘 사람들은

1 「Where Do We Come From? What Are We? Where Are We Going?」. 이 그림은 고갱이 타히티에 다시 돌아와서 1897년에 완성되었으며, 현재 미국 보스턴 미술관에 소장되어 있다.

바빌론에 있을 때 바빌로니아의 신들, 특히 비옥함과 번영의 신 바알에 대해 들었을 것이다. 그래서 그들은 진정한 생명의 창조자가 누구이고 자신들이 경험한 신성에 대해 진실을 말할 필요가 있었을 것이다: "땅과 그 안에 모든 것이 여호와의 것이요 세계와 그 안에 사는 모든 생명체도 다 여호와의 것이다"(시 24:1).

현재도 번영의 신에 대한 믿음은 여전히 널리 퍼져 있다. 오늘날 번영 신학은 자유시장 경제학의 이론에 영향을 미쳤으며, 이 번영의 신과 그 신학에 대한 믿음은 성경에 드러난 신적 본성에 대한 대안이라는 의견도 있다.

창세기의 창조 이야기는 모든 부분이 상호 의존적인 시스템으로 연결되어 있는 모습을 보여 준다. 창조 이야기는 우리가 창조와 분리된 존재가 아니라 창조의 일부임을 알려주며, 우리도 만물과 같은 재료로 만들어졌음을 상기시킨다. 이렇듯 만물은 하나님의 말씀으로만 창조된 혼돈에서 하나님의 마스터 플랜(기본 설계)에 따라 생겨난 것이다.

미국의 유명한 천문학자 겸 과학 저술가인 티모시 페리스(Timothy Ferris)[2]는 우리가 아원자 입자를 볼 때, 그리고 별과 은하를 볼 때, 우리는 우주가 모두 조각이며 원자보다 작은 하나의 씨앗에서 시작되었다는 증거를 모든 방향에서 관찰할 수 있다고 하였다. 그는 또한

2 Ferris(1997).

우리의 피와 뼈, 생각의 시냅스에 있는 물질과 에너지의 모든 조각은 우주의 기원까지 거슬러 올라갈 수 있으며, 어린 우주가 팽창하고 냉각되면서 파편화되고 증식된 자연법칙은 오늘날 우리 심장의 고동과 별의 궤적에서 계속 작용하고 있고 결국 우리의 생각과 감정 또한 우주의 일부라고 주장하였다.

창세기 2장 15절에서 하나님이 인간에게 에덴동산을 돌보며 "그것을 끝까지 지켜라"라고 하실 때, 우리는 지배와 착취보다 땅을 지키는 일에 더 신경을 써야 함을 의미한다고 할 수 있다. 지배는 폭력과 자연과의 전쟁으로 이어지는데, 어쩌면 핵심은 책임(말 그대로 대응할 수 있다는 뜻이다)일 수도 있다. 즉, 우리가 창조물에 반응할 때 우리는 책임이 있다는 것이다. 우리가 창조물의 일부를 움직일 때, 그 행위는 다른 모든 것에 영향을 미친다. 혼돈 이론(chaos theory)[3]을 연구하는 과학자들은 서울에서 나비가 날개를 펄럭이는 파동이 세계 다른 곳의 날씨에 영향을 미친다는 정리를 증명하였듯이, 우리의 책임도 이러한 영향을 미친다. 책임은 현재뿐만 아니라 앞으로 다가올 미래 세대의 환경에도 작동함을 의미한다 할 수 있다. 이 세

3 혼돈 현상은 나비 효과로 잘 알려져 있으며, 혼돈 이론은 지구의 대기, 판 구조론, 경제·인구 현상, 다중성계의 궤도 변화 등에 응용된다. 이런 민감성의 한 예가 이른바 '나비 효과'로 나비의 날갯짓에 의한 대기의 미소한 변화가 시간이 흐름에 따라 증폭되어 토네이도같이 극적인 상태를 야기할 수 있음을 의미한다. 나비의 날갯짓이 나타내는 계의 초기 조건에 대한 '작은' 차이가 일련의 사건을 거쳐 토네이도와 같은 거시적인 현상을 일으킨다는 것이다. 만약 나비가 날갯짓을 하지 않았다면 계의 위상 공간 위의 궤적은 전혀 달랐을 것이다.

상은 우리의 부모에게서 물려받은 것이 아니라 우리의 아이들에게서 빌려온 것이라는 아프리카 속담처럼 말이다.

사도 바울은 이 상호 의존적인 책임에 대해 말하는 방식이 있다. 바울이 "사람은 무엇을 심든지 심은 대로 거두는 법입니다"(갈 6:7b)라고 하듯, 이제 우리는 삶에 영향을 미치며 삶이 우리에게 반응하는 방식이 될 것이다. 그리고 우리가 주는 것이 우리의 미래 행복을 결정할 것이고 우리가 주는 것이 우리가 받는 것의 척도가 될 것이다. 즉, 모든 것이 상호 연관되어 있어, 오늘 우리가 환경에 어떻게 반응하느냐에 따라 자손들이 어떤 미래를 갖게 될지 결정될 것이기 때문이다.

단지 여기서 우리는 공유지의 비극을 반복하지 않기를 바랄 뿐이다. 중세 영국에서는 많은 마을이 공동 방목지를 중심으로 형성되어 있었다. 그러나 인구가 증가하고 사람들이 더 많은 가축을 기르며 부를 극대화하려고 하면서 공유지에 과도한 방목이 이루어지게 되어 토지가 황폐화되었다. 이렇게 공동 방목지는 결국 모두를 위한 공간이 되지 못하고 쓸모없는 땅이 되었다. 이 사례는 공동 자원이 관리와 통제 없이 방치될 때 대부분 고갈되거나 남용된다는 사실을 보여 준다. 오늘날 문제는 지구 전체가 하나의 거대한 공유지가 되어 가고 있다는 점이다.

그 결과 우리는 다양한 환경 문제에 직면하고 있다. 예를 들어, 어류에 농축된 고농도의 수은 때문에 물고기를 먹는 것에 대한 위험성이 증가하고 있으며, 지구 온난화에 대한 우려도 커지고 있다. 지구 온난화로 인한 기온 상승은 극지방에서 훨씬 더 크게 나타났는데, 지난 100년 동안 지구의 평균 온도가 1도 이상 상승한 반면 북극의 온도는 4도 이상 상승하였다.

그리고 1973년 이래 치솟는 원유 가격과 대기 오염의 증가로 인해, 전 세계는 온실가스 배출을 줄이고자 에너지 효율을 향상시키는 노력을 하고 있다. 그러나 불행하게도, 세계에서 가장 큰 에너지 소비국인 미국의 노력은 매우 미흡한 상태이다. 미국은 전 세계 인구의 5%에 불과하지만, 화석연료 사용으로 이산화탄소와 같은 온실가스의 배출 비율은 약 20%를 차지하고 있다. 따라서 온실가스 배출을 줄일 필요성이 더욱 절실해지고 있는데, 이는 상호 의존적이어서 전 세계가 어떻게 연관되어 있는지를 잘 보여 준다. 온실가스 문제 해결을 위한 환경 보호 정책은 단순히 환경을 보호하는 것을 넘어 세계 평화를 공고히 하는 데에도 관련이 있다. 만약 미국이 중동 지역으로부터의 값싼 석유 수입에 대한 과도한 의존을 줄인다면, 중동 지역의 평화 전망도 분명 개선될 것이기 때문이다.

지난 수만 년 동안 인간은 자연환경에 큰 문제를 일으키지 않고 살아왔다. 인류 사회가 시작된 이래로, 원주민들은 열대 우림, 대초원, 개울과 같은 자원을 공유하며 살아왔고, 이들은 일, 자원, 그리고 상호 지원을 통해 마치 대규모 대가족처럼 공존해 왔다. 그러나 불행하게도, 현대 인류는 지구의 토지, 물, 그리고 공기가 너무 방대하고 탄력적이어서 오랫동안 인간이 환경에 심각한 해를 끼칠 수 없다고 믿어 왔다. 산업혁명이 시작된 이래로, 기업들은 환경을 거의 무제한적인 자원으로 여기며 그것을 공짜로 사용하는 데 익숙해졌다. 그러나 지난 2세기 동안의 경제성장 결과는 심각한 환경 문제들을 초래하였다. 대기 오염, 수질 오염, 산성비, 그리고 유독성 및 유해 폐기물의 축적 등은 우리 주변 환경을 위협해 왔고, 태양 자외선으로부터 우리를 보호하는 오존층은 약해지고 손상되었다.

현재 지구상의 모든 국가가 미국과 동일한 소비 생활 수준을 향유한다면 아마도 지구가 4개 또는 그 이상 필요할 것이다. 이러한 소비 수준을 달성하기 위한 경제성장은 지구 곳곳에서 무분별한 개발을 촉진해 왔으며, 광범위하게 반복되었다. 하지만 빈곤과 부채의 늪에 빠진 개발도상국들은 이미 선진국들이 겪은 처참한 환경 폐해의 길을 피하기 위해 값비싼 조치를 요구받고 있다.

이렇게 수십 년에 걸친 환경 파괴는 생태학적 재앙을 잇달아 만들어 냈다. 우리의 공기, 육지, 바다, 호수, 강과 개울을 오염시켰으며, 그 피해는 이미 심각한 수준에 이르렀다. 1970년 첫 번째 지구의 날 이후로, 이러한 누적된 환경 피해를 복구하기 위해 오랜 기간 끈질기고 부지런한 노력이 필요하였다. 그러나 지난 십수 년 동안 가장 중요한 환경 보호 법안 중 일부가 실행되지 않았다. 1970년에 미 의회를 통과한 대기청정법은 오염 발생자들에게 문제 해결을 요구하였다. 즉, 이산화황과 납과 같은 해로운 오염 물질의 배출을 최소화하기 위해 새로 지은 발전소와 대규모 공장을 대상으로 규제를 도입하고, 오염 배출 기준을 강화하도록 하였다. 미 의회는 1977년에 대기청정법을 개정하여 오래된 발전소에도 소급 적용하였다.

그러나 20년 이상 동안 전기 산업에서는 규제를 받아들이지 않고 반대 로비를 벌임으로써 발전소 부근에 거주하는 많은 사람들은 심각한 건강 문제를 호소하게 되었다. 발전소는 대기 중으로 많은 화학 물질을 내뿜는데, 그중 가장 해로운 것은 질소산화물, 이산화황 그리고 수은이다. 수은은 석탄을 태울 때 증기로 배출되는 매우 독성이 강한 화학 물질인데, 이는 태아와 어린아이들에게 뇌 장애를 일으키는 것으로 밝혀졌다. 석탄 화력 발전소는 수은 배출량의 40%를 차지하고 있다. 1999년 11월, 미국 환경보호청(EPA)은 미 중서부와 남부에 있는 7개 전력회사를 대상으로 20년 또는 그 이상 동안 엄청난 양의 오염 물질을 불법적으로 배출해 왔다고 소송을 진행하였다. 그러나 수은 배출량 증가를 허용하는 개정된 EPA 정책은 잘못된 비용편익 분석으로 인해 건강에 미치는 부정적인 영향과 그로 인한 파장을 과소평가하는 잘못을 범하였다. 또한 2004년 말, EPA는 미국 20개 주에서 가장 해로운 오염 물질 중 하나인 미세 그을음으로부터 보호하도록 설계된 새로운 청정 공기 기준이 충족되지 못함을 확인하였다.

이처럼 현세대와 과거 세대가 야기한 환경적 피해는 미래 세대가 고스란히 떠안게 될 것이다. 이러한 의미에서 오염은 정부의 거대한 예산 적자와 같으므로, 오늘날 발생하는 비용은 미래 세대로 전가되는 것이다. 따라서 우리는 미래 세대가 부담하게 될 환경 비용을 줄이기 위해 지금부터 우리의 환경과 모든 자원에 대해 신경 써야 할 것이다.

우리가 필요로 하는 것은 인간의 욕구를 충족시키고 환경을 보호할 수 있는 지구 전체의 '지속 가능한 경제'이고, 따라서 어떻게 생태학적인 파괴로부터 세계를 구할 것인가에 대한 대안을 찾아야 할 때이다. 이러한 지구를 구할 수 있는 것은 오직 믿음을 가진 모든 사람들의 합심된 노력이다.[4]

우리의 삶은 모든 생명체와 깊은 균형과 조화의 감각을 지니고 있다. 우리는 자연과 서로 균형을 이루며 조화롭게 살아가는 방법에 대해 배워야 한다. 지금은 자기 자신, 생명, 모든 생명체에 대한 깊은 인식을 의미하는 챙김의 수행에 대해 인식할 때이다. 또한 현재와 같이 다수가 불충분하고 소수가 과잉소비하는 경제적 불균형이 심화된 상황에서는 강력한 예언적 감각이 필요한 때이다.

예언적인 믿음은 우리가 하나님이 주신 환경을 돌보고 유지하도록 인도한다. 예수님은 고대 세계의 전통적인 사회에서 자연과 조

4 예를 들어, 미국 인디언들은 오늘날 우리의 행동이 다음 세대에 어떤 영향을 미칠지에 따라 행동해야 한다고 믿고 있다. 시애틀 추장이 말하였듯이, "지구는 우리의 것이 아니고 우리가 지구에 속해 있으며 한 가족을 하나로 묶는 피처럼 모든 것이 연결되어 있다." 이렇듯 우리는 자연환경과 함께 평화롭게 사는 방법에 대해 미국 원주민들로부터 많은 것을 배울 수 있다.

화를 이루며 사셨다. 생명은 계절과 상당한 강우량, 일조량, 그리고 농작물의 재배와 수확에 영향을 미치는 다른 요소들에 의존하였다. 그래서 예수님은 자연환경에 대해 자주 다양한 비유를 하였다. 예수님은 씨앗이 큰 덤불로 자라는 것을 하나님 나라에 대한 비유로 말씀하셨으며, 물질세계와 우리의 관계에 대해 가르칠 때, 우리에게 새와 백합을 고려하라고 가르쳐 주셨다(마 6:25-34, 눅 12:22-31).

그리스도인들은 그리스도를 통해 하나님이 자신의 창조물 안으로 새롭게 들어가신다고 믿는다. 하나님이 세상을 화해시킨다면, 그리스도 역시 인간의 탐욕과 이기심으로 인해 깨어진 자연의 관계와 조화를 치유하고 회복시킬 것이다. 이와 같이 그리스도는 인간과 환경 사이의 분열도 화해시키고 하나님의 창조물을 치유하고 회복시킨다. 많은 신학자들이 예수님의 말씀을 앞으로 영원한 삶을 준비하는 것뿐만 아니라 확실한 희망 속에서 창조된 세상을 위한 봉사라고 해석하는 것도 이런 정신 때문일 것이다.

하나님의 마지막 승리가 올 때 세상이 변하는 모습을, 예수님의 가르침을 통해 우리는 적대와 분열을 극복하고 치유와 평화를 가져오려는 하나님의 뜻을 비전으로 받았다. 따라서 하나님의 마지막 승리를 기다리는 동안 우리는 하나님이 창조하신 모든 것을 아끼고 양육하며 유지해야 한다.

계시록 마지막 장에서 우리는 천국의 신도시에 있는 생명의 강과 생명의 나무에 대해 읽었다. '생명의 강'과 '생명의 나무'는 환경에 대한 좋은 비유이자 이미지이다. 우리는 생명의 나무와 강을 돌보기 위해 부름을 받았다.

우리의 삶은 하나님의 경이로운 창조 속에 있는 모든 살아 있는 것과 생명이 되는 것들로 지탱되며, 우리에게는 이 행성이 하나밖에 없기 때문에 하나님께서 우리에게 그것을 돌보라고 하신다. 우리의 후세를 위하여 우리는 하나님이 주신 모든 환경을 돌보고, 잠시나마 이 땅을 누릴 수 있도록 우리에게 맡긴 자원과 환경의 관리인으로서 우리가 한 일에 실망하지 않기를 바랄 뿐이다.

2. 손실된 부분 되찾기

그럼 앞으로 우리가 해야 할 일은 무엇일까? 아마 이에 대한 좋은 답은 수많은 전문가를 포함한 우리가 머리를 맞대고 논의한 끝에 제안한 지구 헌장(Earth Charter)에서 조그만 답을 찾아낼 수 있지 않을까? 지난 수십 년간, 지구 헌장은 인류가 직면하고 있는 환경적 위기에 대해 우려하는 사람들의 요구에 따라 생태학적, 사회적, 경제적 정의에 대한 자극에서 비롯되었다. 1992년 리우데자네이루에서 열린 유엔 지구정상회의에서, 지속 가능한 경제 발전의 개념이 처음으로 소개되었다. 즉, 경제 활동의 부정적인 영향은 지구의 천연자원이 감당할 수 있는 운반 능력의 한계 내에 머물러야 한다는 것이다.

하지만 미국은 당시 제안되었던 대부분의 중요한 조치들을 이행하지 않고 있다. 수십 년이 지난 지금, 미국은 오존층을 손상시키고 지구의 대기를 오염시키는 가스 배출에 제한을 두는 교토 의정서에 서명하지 않은 국가로 남아 있다.[5] 이러한 상황을 보면 지구정상회의에서 이룬 합의가 충분하지 않았다는 점을 알 수 있다. 이후 2015년 교토 의정서의 한계를 극복하기 위해 2020년 교토 의정서가 만료된 후 2021년 1월부터 파리협정이 195개국이 참여하여 채택되었다. 파리협정은 종료 시점이 없는 협약으로 지구의 평균 온도가 산업화 이전에 비해 2도 이상 상승하지 않도록 하고 최종적으로 모든 국가들이 이산화탄소 순배출량 0을 목표로 하여 자체적으로 온실가스 배출 목표를 정하고 실천하자는 협약이다.

한편 지속 가능한 성장을 위해 1994년부터 2000년까지 수많은 회의를 통해 비정부기구들과 협력하고 있는 민간 시민단체가, 국제 환경 협력의 모범이 될 보다 의미 있는 문서의 초안을 마련하기 위해 직접 나섰으며, 그 결과 지구 헌장이 제정되었다.

5 2005년 교토 의정서가 발효되기 전, 2001년 미국은 교토 의정서를 탈퇴하였다. 미국과 개발도상국이어서 포함되지 않은 중국과 인도에게는 적용되지 않는 의정서에 불만을 품은 캐나다도 2011년 탈퇴를 선언하였다. 이후 2012년 일본, 러시아가 빠지면서 전체 온실가스 중 15% 밖에 차지하지 않는 국가들만 참여하고 있는 실정이다.

지구 헌장은 공정하고 지속 가능하며 평화로운 21세기 인류 사회를 만들어 나가는 데 필수적인 윤리와 규범이 담긴 국제 선언문이다. 세계적인 협의 과정을 통하여 작성되어, 수만 명을 대표하는 단체와 기구의 지지를 받고 있다. 지구 헌장은 "세계적인 상호 의존성을 포함한 인류, 더 큰 생명 사회, 그리고 다음 세대의 번영을 위한 공동 책임을 알리기 위해 노력하고 있다." 또한 지구 헌장은 자연환경 보호, 인권, 균형개발, 평화가 상호 의존적이며 분리될 수 없다고 하는 윤리적인 비전을 제시하면서, 이와 관련된 쟁점들을 다루는 데에 새로운 틀을 제공하고자 한다. 지구 헌장의 전파를 목적으로 한 '지구 헌장 구상 기구'(Earth Charter Initiative)[6]가 있다.

지구 헌장의 형성에 영향을 미친 광범위한 생각과 원칙은 다음과 같다. 국제법과 세계 윤리의 새로운 발전, 우주론, 물리학, 생태학의 새로운 발견들이 포함된다. 또한 헌장은 인권, 민주주의, 인종과 성평등, 무장해제에 관한 떠오르는 의식을 반영한다.

지구 헌장의 포괄적인 가치는 모든 생명에 대한 상호 의존, 지속 가능성의 필요, 창조를 위한 존경, 보편적 인권에 대한 존중, 경제와 사회 정의에 대한 옹호, 그리고 민주적이고 참여적인 사회를 촉진하는 것은 더 건강하고 평화로운 세상을 건설하는 기반이 될 수 있다는 것이다.

---

6 지구 헌장의 규범과 가치를 이행하고 증진하는 데에 참여하는 사람, 단체, 그리고 기관을 포함한 매우 다양하고 세계적인 네트워크의 통합적인 명칭이다.

그러나 우리는 지구 헌장의 제정 원칙과 취지는 이해하지만 조심해서 내용을 살피고 접근해야 할 필요성이 있다. 특히 사회 정의에 대한 옹호가 지나쳐 특정 세력에 대한 잘못된 인식과 관용을 베풀고 허용하는 자세는 배제해야 할 것이다. 이는 수많은 국제기구, 국가 정부 기관, 사회 단체 그리고 비정부 기구 및 개인들이 참여하다보니 아마도 자발적으로 참여를 권고하는 과정에서 차별화나 선별화가 미흡한 탓이었기 때문일 것이다. 그럼에도 지속 가능한 성장을 위해 하나의 지구 공동체 문제를 제기하고 문제점을 해결하고자 하는 노력은 높게 평가할 만하다 하겠다.

3. 지구 헌장(Earth Charter)

전문

인류는 현재 우리의 미래를 결정해야 할 역사적 순간에 서 있다. 세계가 점점 상호 의존적이고 나약해져 감에 따라 우리의 미래는 커다란 위험과 희망의 약속을 동시에 가지게 되었다. 앞으로의 전진을 위하여 우리는 삶과 문화의 다양성 속에서도 공동의 운명을 지닌 하나의 가족이며 하나의 지구 공동체임을 명심하여야 한다. 우리는 자연에 대한 존엄성, 인권, 경제적 정의, 평화의 문화를 근거로 한 지속 가능한 인류를 위하여 함께 힘을 합쳐야 한다. 이 목표를 이루기 위하여 우리는 개인과 사회 그리고 미래의 후손들에게 우리의 책임을 선언해야만 한다.

지구, 우리의 보금자리

인류는 진화하는 우주의 한 부분이다. 우리의 보금자리인 지구는 독특한 생명 공동체로 생존하고 있다. 자연의 힘은 불확실한 현상들을 만들어 내지만 지구는 생명의 진화에 기본이 되는 요소들을 제공하고 있다. 생명의 탄력성과 인류의 복지는 생태계, 풍부한 동식물, 비옥한 토양, 맑은 물, 깨끗한 공기를 가진 이 지구를 어떻게 보전하느냐에 달려있다. 한정된 자원을 가진 지구 환경은 우리 모두의 공통 관심사이다. 지구의 생명력과 다양성과 아름다움을 지키는 것이 우리의 신성한 믿음이다.

지구의 상황

생산과 소비의 지배적 형태들이 지구의 파괴와 자원의 낭비 그리고 엄청난 생물종의 사멸을 유발하고 있다. 우리는 점점 파괴되고 있는 것이다. 개발의 이익들은 공평히 나누어지지 않고 있으며, 빈부의 격차는 점점 심해져 가고 있다. 불의와 가난, 무지 그리고 폭력이 점점 만연하고 있으며 더 큰 고통을 유발하고 있다. 급격한 인구의 증가는 생태적 사회적 시스템에 과중한 부하를 가하고 있다. 지구적 안보의 근간이 점점 위협받고 있는 것이다. 이러한 경향은 위험하나 피할 수 없는 것은 결코 아니다.

앞으로의 도전

선택은 우리의 것이다. 서로와 지구를 지키기 위하여 파트너십을 형성해야 한다. 우리의 가치관과 제도와 삶의 방식에서 변화를 필요로 한다. 기본적 필요에 직면해 온 우리에게 인간 발전은 얼마나 많이 가졌느냐보다는 얼마나 많은 의미를 가졌느냐는 것이다. 우리는 지구에 미치고 있는 영향을 줄일 수 있는 지식과 기술을 가지고 있다. 지구적 시민 사회의 출현은 민주적이고 인간적인 사회를 만들 수 있는 새로운 기회를 만들고 있다. 우리의 환경적, 경제적, 정치적, 사회적 그리고 정신적 도전은 서로 연결되어지고 있으며 통합적인 해결안을 향하여 전진하고 있다.

보편적 책임

이러한 열망들을 실현하기 위해서는 우리의 지역사회뿐만이 아니라 전 지구를 우리 자신과 동일시하는 보편적 책임감으로 살 것을 결심하여야 한다. 우리는 서로 다른 나라의 시민이자 나라와 나라들이 연결되어 있는 한 세계의 시민이다. 우리 모두는 인류와 지구 공동체의 현재와 미래에 대하여 책임감을 공유해야만 한다. 생명의 신비에 대한 경외와 삶이라는 선물에 대한 감사 그리고 자연 속에서 인간의 정주 공간에 대한 겸손으로 우리의 삶을 살아갈 때 비로써 모든 생명과의 연대와 결속이 확장된다.

우리는 도래하는 지구 공동체의 윤리적 근간을 제공할 기본적 가치들의 공유된 비전을 필요로 하고 있다. 따라서 모든 개인들과 기관들, 사업체, 정부, 다국적 기업의 행동에 적용할 수 있는 공통의 기준으로서, 다음에 제시될 지속 가능한 삶의 방식을 위한 상호의존적 원칙들은 우리 앞에 펼쳐질 것이며 평가될 것이다.

원칙들

Ⅰ. 생명 공동체에 대한 존엄과 보호

1. 다양성을 지닌 지구와 생명체를 존중한다.

a. 모든 존재는 상호 의존적이며 모든 생명체는 인간에 대한 유용 여부와 관계없이 가치를 지님을 인정한다.

b. 모든 인류의 고유한 존엄성과 지적, 예술적, 윤리적, 영적 잠재력에 대한 믿음을 확고히 한다.

2. 이해와 동정과 사랑을 바탕으로 생명 공동체를 보호한다.

a. 자연 자원을 소유하며 관리하고 사용할 권리와 함께 환경 오염을 방지하고 인권을 보호할 의무가 있음을 인정한다.

b. 늘어나는 자유, 지식 그리고 힘과 함께 공익을 증진할 책임도 있음을 확실히 한다.

3. 정의와 참여와 지속성과 평화를 바탕으로 민주주의 사회를 건설한다.

a. 모든 사회는 인권과 기본적인 자유를 보장하여야 하며, 모든 이에게 그들의 잠재력을 실현할 기회를 제공하여야 한다.

b. 안락하고 의미 있는 삶을 영위하도록 사회적, 경제적 정의를 증진시키는 것은 생태적인 책임이다.

4. 현재와 미래 세대를 위하여 지구의 아름다움을 보전한다.

a. 각 세대의 행동의 자유는 미래 세대의 필요성에 의해서 제한된다.

b. 미래 세대에게 지구의 인간과 생태적 사회의 지속성을 도모할 수 있는 가치관, 전통, 그리고 제도를 전해 준다.

이러한 네 가지의 약속들을 지켜나가기 위하여 다음의 것들이 필요하다.

Ⅱ. 생태적 온전성

5. 생물종 다양성과 생명을 유지하는 자연적 천이에 특별한 관심을 가지고 지구의 생태적 시스템의 온전성을 지키고 복원한다.

a. 모든 영역에 지속 가능한 발전 계획과 규제를 채택하여 환경 보존과 복원이 개발의 초기 단계에 필수 불가결한 조건이 되게 한다.

b. 지구의 생명 부양계를 지키고, 종 다양성을 유지하며, 자연의 유산을 보전하기 위하여 원시의 대지와 해안 지대를 포함한 자연과 지구의 보호 지역을 수립하고 지켜나간다.

c. 위기에 처한 종들과 생태계의 회복을 촉진한다.

d. 야생종과 환경에 해를 끼치는 인공적이거나 유전자가 변형된 생물종들을 조절하고 제거하며, 그러한 해로운 생물종의 도입을 저지한다.

e. 물, 토양, 산림 자원, 그리고 수산물과 같은 재생산 가능한 자원의 이용에 있어서 과도하지 않으며 생태계의 건강을 유지할 수 있도록 관리한다.

f. 광물과 화석 연료의 채취와 사용에 있어서 고갈을 최소화하고 환경에 심각한 손상을 입히지 않도록 관리한다.

6. 환경 보호의 최선책으로 유해 요소를 제거하고, 이에 대한 지식이 한정된 경우에는 예방적 접근을 시도한다.

a. 과학적 지식이 불완전하고 결정적이지 못할 때 심각하고 돌이킬 수 없는 환경적 해를 피할 수 있도록 조치를 취한다.

b. 제안된 행위가 치명적 해를 미치지 않음을 주장하는 이에게 그것에 대한 입증의 의무를 지우고 이로 인한 환경 피해에 책임을 지도록 한다.

c. 의사 결정이 인간 행위에 장기간에 걸쳐 간접적으로 누적되며 장거리의 그리고 지구적 결과를 가져옴을 확실히 한다.

d. 환경의 어느 부분에 있어서도 오염을 용납하지 않으며 방사능, 독성 또는 다른 유해한 물질의 증강을 허락하지 않는다.

e. 환경에 해를 끼치는 군사적 행동을 용납하지 않는다.

7. 지구의 재생 능력과 인권과 그리고 사회의 안녕을 가능하게 하는 생산, 소비, 재생의 형태를 적용한다.

a. 생산과 소비 체계에서 양산된 폐자원을 줄이고, 재사용 및 재순환하며 잔류한 폐기물은 반드시 생태계로 흡수되어야 한다.

b. 에너지를 사용할 때에는 자제와 효율을 염두하여야 하며, 태양력과 풍력과 같은 재생 가능한 에너지의 의존도를 증가시킨다.

c. 환경적으로 건전한 기술들을 개발하고 적용하며 공평한 방법으로 이전함을 촉진한다.

d. 재화와 용역의 가격에 있어서 모든 환경적, 사회적 비용을 내재시키며, 소비자로 하여금 최고의 사회적, 환경적 기준을 만족하는 상품만을 구매하도록 한다.

e. 누구나 후손을 이어갈 수 있는 건강과 후손에 대한 책임을 증진하는 의료보장을 받을 수 있도록 한다.

f. 유한한 지구에서 삶의 질과 기본적인 물질적 요구를 충족시키는 생활 방식을 채택한다.

8. 생태적 지속 가능성에 대한 연구를 진척시키고 습득된 지식의 자율적인 교류와 폭넓은 적용을 촉진시킨다.

a. 개발도상국들의 요구에 특별한 관심을 가지고 지속 가능성에 대한 국제적인 과학과 기술의 협력을 지원한다.

b. 환경의 보호와 인류의 안녕에 기여하는 모든 문화 속에 내재된 전통 지식과 영적 지혜를 인식하며 보전한다.

c. 유전자 정보를 포함한 인간의 건강과 환경의 보호에 관한 중

요한 정보는 공공의 영역에서 이용 가능하도록 보장되어야 한다.

III. 사회 · 경제적 정의

9. 빈곤은 윤리, 사회, 환경의 측면에서 반드시 없애야 한다.

a. 사람들에게 필요한 자원—일국의 자원과 국제적인 자원—을 적당히 분배하여, 마실 물, 맑은 공기, 안전한 음식, 오염되지 않은 토양, 머물 곳, 공중위생의 권리를 보장해야 한다.

b. 모든 인간에게 교육과 자원을 주어 지속 가능한 삶을 지킬 수 있도록 하며, 스스로의 힘으로 살아가지 못하는 사람들에게 사회 안전망을 제공한다.

c. 멸시받는 이들을 인지하고, 약자를 보호하고, 고통받는 사람들을 보살피며, 이들 모두가 자신의 능력을 개발하고 자신의 뜻을 펼 수 있도록 한다.

10. 모든 경제 행위와 제도가 모든 면에서, 공정하고 지속 가능한 방식으로 인간의 개발을 촉진하도록 보장한다.

a. 국가 내에서 그리고 국가 간에, 부의 평등한 분배를 진전시킨다.

b. 개발도상국의 지식 자원, 금융 자원, 기술 자원, 사회 자원을 개선하며, 이들 나라의 무거운 외채 부담을 덜어 준다.

c. 모든 무역이 지속 가능한 자원 사용, 환경 보호, 진보적인 노

동 기준을 지원하는 것을 보장한다.

d. 다국적 기업과 국제금융기구가 투명하게 그리고 공익을 위해 행동할 것을 요구하며, 이들이 스스로의 행동에 책임을 지도록 한다.

11. 성적 평등과 형평을 확고히 한다. 성적 평등과 형평은 지속 가능한 개발의 선행 조건이다. 또한 교육, 건강 보호, 경제적 기회에 대한 접근을 누구에게나 보장해야 한다.

a. 여성의 인권을 보호하며 여성에 대한 모든 폭력을 근절한다.

b. 경제·정치·시민·사회·문화적 삶 등 모든 면에서, 완전하고 동등한 파트너, 정책결정자, 지도자, 연금수령인으로서 여성들의 적극적인 참여를 증진한다.

c. 가족을 강화하고 모든 가족 구성원의 안전과 애정 어린 양육을 보장한다.

12. 모든 사람의 인간 존엄성과 건강 그리고 영적 충만을 돕는 자연 및 사회 환경에 대한 권리를 차별 없이 부여하며 특히 토착민과 소수자들의 권리에 각별히 관심을 쏟아야 한다.

a. 인종, 피부색, 성별, 성적 지향, 종교, 언어, 국적이나 민족 태생, 계층 태생에 바탕을 둔 모든 형태의 차별을 없앤다.

b. 토착민들의 영성, 지식, 땅, 자원 그리고 지속 가능한 삶과 관

련된 실천에 대한 권리를 확고히 한다.

c. 젊은이들을 존중하고 지원하여 그들이 지속 가능한 사회를 만드는 데 핵심적 역할을 할 수 있도록 한다.

d. 문화적, 영적으로 매우 중요한 지역을 보호하고 회복시킨다.

Ⅳ. 민주주의, 비폭력, 평화

13. 모든 단계에서 민주주의의 바탕을 둔 기구들을 강화시키고, 그 조직 운영에 있어서 투명성과 책임을 보장하고, 의사 결정에 있어 모든 이의 참여를 유도하며, 정의를 구현할 수 있게 한다.

a. 모든 사람이 환경 문제와 그들과 이해관계에 있거나 혹은 그에 상응하는 영향을 끼칠 수 있는 모든 개발 계획과 활동에 대해 명백하고도 시의적절한 정보를 제공 받을 권리를 지닌다.

b. 지방, 지역, 전 세계 차원의 시민 사회를 지지하고, 참여하고자 하는 모든 개인과 조직들의 의미 있는 참여를 증진시킨다.

c. 의사의 자유, 표현의 자유, 평화로운 집회의 자유, 결사의 자유, 반대 의사 표현의 자유에 대한 권리를 보장한다.

d. 환경을 위협하는 유해 요인의 치유와 시정을 포함한 행정절차와 독립적 사법절차에 대한 효과적이고 효율적인 접근을 제도화한다.

e. 모든 공적, 사적 기구에서 부패를 추방한다.

14. 공교육과 지속 가능한 삶의 방식을 위해 필요한 지식, 가치, 기술들을 배울 수 있는 평생 교육을 통합한다.

a. 모두에게, 특히 어린이와 청년들이 지속 가능한 개발에 적극적으로 공헌할 수 있는 능력을 함양시키는 교육의 기회를 제공한다.

b. 지속 가능성 교육을 위해 과학뿐 아니라 예술과 인문학의 역할을 증진시킨다.

c. 생태적, 사회적 도전들에 대한 인식을 환기시키기 위해 대중매체의 역할을 강화한다.

d. 지속 가능한 삶을 위한 도덕적, 정신적 교육의 중요성을 인식시킨다.

15. 모든 살아 있는 생명을 존중과 사려로 대한다.

a. 인간과 함께 살고 있는 동물에 대해 학대를 금지하고 그들을 고통으로부터 보호한다.

b. 야생동물에 대해 잔혹하고 무분별하게 행해지는 사냥, 포획, 어획을 금지한다.

c. 최대한 표적이 대상이 아닌 종의 포획이나 파괴를 금한다.

16. 관용, 비폭력, 평화의 문화를 증진시킨다.

a. 국가 내, 국가 간 모든 사람 간 상호 이해, 유대, 협동을 고양, 지원한다.

b. 폭력적 갈등을 예방하고 환경으로 인한 갈등과 기타 분쟁을 처리하기 위해 포괄적으로 협력 전략을 시행한다.

c. 국가 안보 체제를 타국에 위협이 되지 않는 방위 수준으로 비군사화시키고, 군사 자원을 생태적 복원과 같은 평화적 목적으로 전향시킨다.

d. 핵무기, 생화학 무기, 유독성 무기 등의 대량 살상 무기를 제거한다.

e. 궤도와 그 외 우주 공간의 사용 또한 환경 보호와 평화를 위해 사용되어야 한다는 점을 주지한다.

f. 평화란 스스로와, 다른 사람과, 다른 문화와, 다른 생명과, 지구, 또 우리가 구성원으로 있는 더 큰 전체와의 상호 유기적 관계 속에서 유지, 존속되는 전체성임을 인지한다.

앞으로 나아갈 길

인류사에 전례 없이, 공동의 운명이 우리로 하여금 새로운 시작을 종용하고 있다. 이러한 새로운 시작이 지구 헌장 원칙들의 약속이다. 이 약속이 지켜지기 위해 우리는 지구 헌장의 가치와 목표들을 채택하고 증진시키는 책임을 맡아야 한다.

이는 정신과 마음의 전환을 요구한다. 이것은 새로운 전 지구적 상호 의존과 보편적 책임감을 필요로 한다. 우리는 상상력을 구사하면서 지속 가능한 삶의 방식에 관한 전망을 자신이 속한 지역으로, 국가로, 지역으로, 전 세계로 적용시킨다. 우리의 문화적 다양성은 귀중한 유산이며 이러한 다양성은 우리의 목표를 실현시키는 데 각각의 독특한 방식으로 기여할 것이다. 우리는 지구 헌장을 탄생시킨 전 지구적 대화를 확대해 가야 한다. 왜냐하면 우리는 현재 진행 중인 진실과 지혜의 협력적 탐구로부터 많은 것을 배워야 하기 때문이다.

삶은 종종 상반되는 중요한 가치들 사이의 긴장을 수반한다. 이는 선택을 어렵게 만든다. 그러나 우리는 전체 속에서의 다양성, 공익 속의 자유의 구가, 장기적 목표 속의 단기적 목표를 가지고 다양성을 조화시키는 방법을 찾아야 한다. 개개인, 가족, 조직, 공동체가 필수적인 역할을 해야 한다. 예술, 과학, 종교, 교육 기관, 미디어, 기업, 비정부 단체, 정부 모두가 창조적인 리더십을 발휘해야 한다. 정부, 시민 사회, 기업 간의 파트너십이 경영에 효과적이다.

지속 가능한 지구 공동체를 건설하기 위해서는 전 세계 국가들이 UN에 그들의 확고한 공헌을 새로이 하고, 현존하는 국제 협정 하에서 의무사항들을 충실히 수행하며, 환경과 개발에 관한 국제적으로 법적 구속력을 지닌 기구를 통해 지구 헌장 원칙을 실행해 나가야 한다.

우리가 사는 지금 이 순간이 생명에 대한 경의와 지속 가능한 삶을 위한 확고한 결의가 요구되며 정의와 평화, 환희에 찬 생명존중을 위한 싸움의 발걸음을 빨리하는 자각의 순간임을 기억하자.

부록

성경 속 경제 관련 구절 정리*

1. 경제학과 관련된 성경 말씀
2. 경제와 관련된 성경 말씀
3. 경제 정의와 관련된 성경 말씀
4. 근면성과 관련된 성경 말씀
5. 금전 관리와 관련된 성경 말씀
6. 금전 청지기와 관련된 성경 말씀
7. 대출과 관련된 성경 말씀
8. 금전 문제와 관련된 성경 말씀

* 여기서는 다음과 같은 자료 등을 인용하였다(https://bibleportal.com/topic/economics, https://providencefoundation.com/the-bible-and-economics, https://fee.org/articles/economics-in-the-bible).

여기서는 성경 본문 중 경제와 관련된 구절을 주제별로 나눠서 묶어보았다. 예를 들어, 성경 속 경제, 정의, 근면, 금전 등에 관련된 구절을 주제의 적합성에 따라 순서대로 엮었다. 그리고 경제에 관한 세부 주제가 모두 경제와 관련이 있는 내용이기에 몇 주제에 중복되어 인용된 부분도 있음을 밝힌다. 주제별 나열 순서는 연관성이 높게 인용되는 순서대로 나열하였고 일반 독자를 고려하여 성경은 현대인의 성경 본문을 인용하였다.

부록에서는 단편적이지만 예화나 인물, 사도 등의 발언 등을 통해 바이블과 경제의 관계가 큼을 알 수 있다. 그리고 이를 통해 우리는 하나님의 뜻이 인간의 경제적 행위에 얼마나 영향을 미치는 가에 대해서 조금이나마 이해할 수 있다.

아무쪼록 일반 독자는 물론 신자나 사역자에게도 본 부록이 성경을 접근하고 정리하는 데 조그만 도움이 되었으면 하는 바람이다.

1. 경제학과 관련된 성경 말씀

데살로니가후서 3:10

우리가 여러분과 함께 있을 때에 '일하기 싫은 사람은 먹지도 말라.'고 가르쳤습니다.

잠언 22:16

자기 사욕을 위해서 가난한 사람을 학대하는 자와 부자에게 뇌물을 주는 자는 가난하게 될 것이다.

창세기 41:33-57

이제 임금님께서는, 명철하고 슬기로운 사람을 책임자로 세우셔서, 이집트 땅을 다스리게 하시는 것이 좋을 듯합니다.
임금님께서는 전국에 관리들을 임명하셔서, 풍년이 계속되는 일곱 해 동안에, 이집트 땅에서 거둔 것의 오분의 일을 해마다 받아들이도록 하심이 좋을 듯합니다.
앞으로 올 풍년에, 그 관리들은 온갖 먹거리를 거두어들이고, 임금님의 권한 아래, 각 성읍에 곡식을 갈무리하도록 하십시오.
이 먹거리는, 이집트 땅에서 일곱 해 동안 이어갈 흉년에 대비해서, 그때에 이 나라 사람들이 먹을 수 있도록 갈무리해 두셔야 합니다. 그렇게 하시면, 기근이 이 나라를 망하게 하지 못할 것입니다."
…
요셉이 이집트 왕 바로를 섬기기 시작할 때에, 그의 나이는 서른 살이었다. 요셉은 바로 앞에서 물러나와서, 이집트 온 땅을 두루 다니면서 살폈다.

풍년을 이룬 일곱 해 동안에, 땅에서 생산된 것은 대단히 많았다.
요셉은, 이집트 땅에서 일곱 해 동안 이어간 풍년으로 생산된 모든 먹거리를 거두어들여, 여러 성읍에 저장해 두었다. 각 성읍 근처 밭에서 나는 곡식은 각각 그 성읍에 쌓아 두었다.
요셉이 저장한 곡식의 양은 엄청나게 많아서, 마치 바다의 모래와 같았다. 그 양이 셀 수 없을 만큼 많아져서, 기록을 중단할 수밖에 없었다.
…
온 땅에 기근이 들었으므로, 요셉은 모든 창고를 열어서, 이집트 사람들에게 곡식을 팔았다. 이집트 땅 모든 곳에 기근이 심하게 들었다.
기근이 온 세상을 뒤덮고 있었으므로, 다른 나라 사람들도 요셉에게서 곡식을 사려고 이집트로 왔다.

잠언 19:17
가난한 사람을 돕는 것은 여호와께 빌려 주는 것이니 여호와께서 그의 선행을 반드시 갚아 주실 것이다.

잠언 22:7
부자는 가난한 사람을 다스리고 빚진 사람은 채주의 종이 된다.

디모데전서 6:10
부자가 되려고 애쓰는 사람은 시험과 함정에 빠지고 사람을 파멸시키는 여러 가지 어리석고 해로운 욕망에 떨어집니다.
돈을 사랑하는 것이 온갖 악의 뿌리가 됩니다. 이것을 가지려고 열망하는 사람들이 믿음에서 떠나 방황하다가 많은 고통을 당하고 마음의 상처를 입습니다.

전도서 5:10-15
돈을 사랑하는 자가 그 돈으로 만족을 얻지 못하고 부유하기를 바라는 자가 그 수입으로 만족을 얻지 못하니 이것도 헛된 것이다.
재산이 늘면 그만큼 소비도 많아진다. 그 소유주의 눈을 즐겁게 하는 것 외에 무슨 유익이 있겠느냐?
노동자는 먹을 것이 많든 적든 단잠을 잘 수 있으나 부자는 재산이 많으므로 이것저것 걱정하다가 잠을 자지 못한다.
나는 또 하나의 다른 심각한 문제를 보았다. 사람들은 억척스럽게 돈을 모으고서도 그 돈으로 위험한 투기를 하여 일이 잘못되면 하루아침에 재산을 다 날려 버린다. 그는 아들이 있어도 물려 줄 것이 아무것도 없다.
사람은 태어날 때 벌거숭이로 나왔으니 아무리 수고하여 얻은 것이라 할지라도 이 세상을 떠날 때에는 아무것도 가져가지 못할 것이다.

누가복음 12:15
군중을 향해 이렇게 말씀하셨다. '너희는 온갖 욕심을 조심하라. 제아무리 넉넉하다 해도 사람의 생명이 재산에 달려 있는 것은 아니다.'

누가복음 6:38
주어라. 그러면 너희도 받을 것이니 너희에게 누르고 흔들어 넘치게 부어 주실 것이다. 너희가 남에게 되어 주는 것만큼 되돌려 받을 것이다.'

빌립보서 4:19
나의 하나님이 그리스도 예수님을 통해 영광 가운데서 그의 풍성함으로 여러분에게 필요한 모든 것을 넘치게 채워 주실 것입니다.

로마서 13:6-8
이런 이유 때문에 여러분은 세금도 잘 바쳐야 합니다. 당국자들은 이 일에 항상 힘쓰는 하나님의 일꾼들입니다.
여러분은 그들에게 여러분의 의무를 다해야 합니다. 바쳐야 할 세금은 바치고 두려워할 사람은 두려워하며 존경할 사람은 존경하십시오.
서로 사랑의 빚을 지는 것 외에는 아무에게도 빚을 지지 마십시오. 남을 사랑하는 사람은 율법을 다 지킨 것입니다.

전도서 11:1-2
너는 물질을 후하게 나누어 주어라. 언젠가는 그것이 너에게 되돌아올 것이다.
되도록 많은 사람에게 나누어 주어라. 이 땅에 무슨 재난이 일어날지 알 수가 없다.

디모데전서 5:8
누구든지 자기 친척이나 가족을 돌보지 않는 사람은 믿음을 저버린 사람이며 불신자보다 더 나쁩니다.

잠언 3:9-10
네 재산과 네 모든 농산물의 첫 열매로 여호와를 공경하라.
그러면 네 창고가 가득 차고 포도주 통에 새 포도주가 넘칠 것이다.

잠언 28:25
욕심이 많은 사람은 다툼을 일으켜도 여호와를 신뢰하는 사람은 부유하게 된다.

잠언 21:20
지혜로운 사람은 앞날을 위해서 저축하지만 미련한 사람은 닥치는 대로 써 버린다.

잠언 31:10-31
누가 현숙한 아내를 얻겠느냐? 그녀는 진주보다 더 소중하다.
그런 여자의 남편은 아내를 믿기 때문에 아무것도 부족한 것이 없을 것이다.
그런 여자는 일평생 남편에게 선을 행하고 남편을 해치지 않는다.
그녀는 양털과 삼을 구해 부지런히 일하며

상선처럼 먼 데서 양식을 가져오고
날이 밝기도 전에 일찍 일어나서 가족들을 위해 아침 식사를 준비하며 여종에게 할 일을 일러 주고
나가서 밭을 보고 생각해 두었다가 그것을 사며 자기가 번 돈으로 포도원을 만들고
언제나 강인하고 근면하며 열심히 일한다.
그녀는 자기가 하는 일이 유익한 줄 알고 밤늦게까지 일을 하며
손수 물레질을 하여 실을 뽑고 베를 짜며
가난하고 불쌍한 사람들을 도와준다.
그녀는 모든 가족에게 입힐 따뜻한 옷을 마련해 놓았으므로 겨울이 닥쳐도 염려하지 않는다.
그녀는 자기 침실을 아름답게 꾸미며 아름답고 고운 모시옷과 자색 옷을 입는다.
그리고 그 남편도 지도급 인사로 알려져 존경을 받게 된다.
그녀는 옷과 허리띠를 만들어 상인들에게 넘기기도 한다.
그녀는 능력과 품위가 있고 앞날을 걱정하지 않으며
…

신명기 23:19-24

여러분은 같은 이스라엘 사람에게 돈이나 양식이나 그 밖에 어떤 것을 빌려주고 이자를 받지 마십시오.
여러분이 외국인에게는 이자를 받을 수 있으나 여러분의 동족에게 이자를 받아서는 안 됩니다. 여러분이 동족에게 이자를 받지 않으면 여러분의 하나님 여호와께서 여러분이 들어가 차지할 땅에서 여러분이 하는 모든 일에 복을 주실 것입니다.
여러분이 여호와께 맹세한 것은 빨리 이행하도록 하십시오. 여러분의 하나님 여호와께서는 반드시 그것을 요구하실 것입니다. 여러분이 맹세한 것을 지키지 않으면 그것은 죄가 됩니다.
맹세를 하지 않는다고 해서 그것이 죄가 되는 것은 아닙니다.

그러나 일단 여러분이 맹세를 하게 되면 반드시 그 맹세를 지켜야 합니다. 그것은 여러분 자신이 선택한 것이며 여러분의 하나님 여호와께 맹세한 것이기 때문입니다.
여러분은 남의 포도원에 들어가서 먹고 싶은 대로 마음껏 포도를 따 먹을 수 있습니다. 그러나 그것을 따 가지고 가서는 안 됩니다.
여러분은 남의 곡식 밭에 들어가서 손으로 이삭을 잘라 먹을 수 있습니다. 그러나 그 곡식에 낫을 대서는 안 됩니다.'

로마서 13:13-14
낮의 빛 가운데 사는 사람들처럼 단정하게 행동해야 합니다. 흥청망청 먹고 마시며 술 취하지 말고 음란과 방탕과 싸움과 시기하는 일을 버리십시오.
주 예수 그리스도로 옷 입고 정욕을 위해 육신의 일을 추구하지 마십시오.

잠언 24:27
너는 네 집을 짓기에 앞서 먼저 생활 기반부터 마련하여라.

출애굽기 20:15-17
도둑질하지 말아라.
너희 이웃에 대하여 거짓 증언하지 말아라.
너희 이웃집을 탐내지 말아라. 너희 이웃의 아내나 종이나 소나 나귀나 너희 이웃이 소유한 그 어떤 것도 탐을 내서는 안 된다.'

데살로니카후서 3:10-13
우리가 여러분과 함께 있을 때에 '일하기 싫은 사람은 먹지도 말라.'고 가르쳤습니다.
그런데 여러분 가운데 게을러서 아무 일도 하지 않고 돌아다니며 문제만 일으키는 사람들이 있다는 말을 들었습니다.
그러므로 우리는 주 예수 그리스도의 이름으로 이런 사람들에게 명령하며 권합니다. 조용히 일하며 자기 생활비를 벌어서 살도록 하십시오.
형제 여러분, 선을 행하다가 낙심하지 마십시오.

창세기 1:28

그리고 하나님은 그들을 축복하여 이렇게 말씀하셨다. '너희는 많은 자녀를 낳고 번성하여 땅을 가득 채워라. 땅을 정복하라. 바다의 고기와 공중의 새와 땅의 모든 생물을 지배하라.

잠언 30:8

내가 속이고 거짓말하지 않도록 나를 도우시며 나를 가난하게도, 부하게도 하지 마시고 다만 나에게 매일 필요한 양식을 주소서.

시편 52:3-9

너는 선보다 악을 더 사랑하고 진실보다 거짓을 더 사랑한다.
간사한 자여, 네가 남을 해치는 말을 좋아하는구나.
그래서 하나님이 너를 치고 네 집에서 너를 뽑아내며 이 세상에서 너를 영원히 제거하실 것이다.
의로운 자들이 이것을 보고 두려워하며 비웃고
'이 사람은 하나님을 자기 피난처로 삼지 않고 그의 많은 재산을 의지하며 남을 해침으로써 강해진 자이다.' 할 것이다.
그러나 나는 하나님의 집에서 싱싱하게 자라나는 감람나무 같으니 내가 하나님의 한결같은 사랑을 영원히 의지하리라.
하나님이시여, 주께서 행하신 일에 대하여 내가 항상 주께 감사하고 주의 선하심에 대하여 주의 백성 앞에서 주를 찬양하겠습니다.

누가복음 14:28-30

너희 중에 누가 망대를 세우려 할 때 먼저 앉아서 그것을 완성할 만한 돈을 가졌는지 비용을 계산해 보지 않겠느냐?
만일 기초공사만 하고 완성하지 못하면 보는 사람들이 모두
'이 사람이 시작만 해 놓고 끝내지 못했군'하고 비웃을 것이다.

에베소서 4:28
도둑질하는 사람은 이제부터 도둑질하지 말고 제 손으로 열심히 일하여 선한 일을 하십시오. 그러면 가난한 사람들을 도울 수 있게 될 것입니다.

누가복음 19:22-24
그러자 주인이 그에게 말하였다. '이 악한 종아, 내가 네 말로 너를 판단한다. 너는 내가 남의 것이나 빼앗고 심지도 않은 것을 거둬들이는 지독한 사람인 줄로 알았느냐?
그렇다면 왜 내 돈을 은행에 맡기지 않았느냐? 그랬더라면 내가 돌아왔을 때 이자와 원금을 함께 받을 수 있지 않았겠느냐?'
그리고서 주인은 곁에 선 사람들에게 '그에게서 한 므나를 빼앗아 열 므나 가진 사람에게 주어라.'하고 말하였다.

누가복음 10:7-9
너희는 한집에 머물면서 주인이 주는 것을 먹고 마셔라. 일꾼이 자기 품삯을 받는 것이 마땅하다. 너희는 이집 저집 옮겨 다니지 말아라.
어느 마을에 들어가든지 사람들이 너희를 영접하거든 차려 주는 음식을 먹고
그 마을에 있는 병자들을 고치고 그들에게 하나님의 나라가 가까왔다고 하라.

시편 62:10
너희는 착취를 일삼지 말고 훔친 물건을 자랑하지 말며 재산이 늘어도 그것을 의지하지 말아라.

시편 37:21-25

악인은 돈을 빌려 쓰고도 갚지 않지만 의로운 사람은 은혜를 베풀고 주기를 좋아한다.
여호와의 축복을 받는 자는 땅을 소유할 것이며 여호와의 저주를 받는 자는 멸망하리라.
여호와께서 선한 사람의 걸음을 인도하시고 그의 길을 기뻐하시므로
그가 넘어져도 치명상을 입지 않을 것이니 여호와께서 손으로 그를 붙드심이다.
나는 지금까지 살아오면서 의롭게 사는 자가 버림을 당하거나 그의 자녀들이 구걸하는 것을 보지 못했다.

시편 39:5-6

주께서 내 날을 손바닥 넓이만큼 되게 하셨으니 나의 일생도 주 앞에는 일순간에 불과하며 인간이 잘난 척하지만 한 번의 입김에 지나지 않습니다.
사람이 부산하게 이리저리 뛰어다니지만 그림자에 불과하고 그 하는 일도 헛되며 기를 쓰고 재산을 모으지만 누가 가져갈지 알지 못합니다.

잠언 31:16-20

나가서 밭을 보고 생각해 두었다가 그것을 사며 자기가 번 돈으로 포도원을 만들고
언제나 강인하고 근면하며 열심히 일한다.
그녀는 자기가 하는 일이 유익한 줄 알고 밤늦게까지 일을 하며
손수 물레질을 하여 실을 뽑고 베를 짜며
가난하고 불쌍한 사람들을 도와준다.

레위기 23:22

너희는 곡식을 추수할 때 구석구석 다 베지 말며 떨어진 이삭도 줍지 말고 그것을 가난한 자와 나그네를 위해서 내버려 두어라. 나는 너희 하나님 여호와이다.

전도서 2:24

사람이 먹고 마시며 자기 일에 만족을 느끼는 것보다 더 좋은 것이 없으나 나는 이것도 하나님께서 주시는 것임을 깨달았다.

고린도전서 16:2

여러분은 일요일마다 각자 자기 수입에 따라 얼마씩 따로 떼어 놓았다가 내가 갈 때 헌금을 거두지 않도록 하십시오.

마태복음 25:14-46

또 하늘나라는 여행을 떠나면서 종들을 불러 자기 재산을 맡긴 사람과 같다.
주인은 각 사람의 능력에 따라 한 사람에게는 다섯 달란트를, 또 한 사람에게는
두 달란트를, 다른 한 사람에게는 한 달란트를 각각 맡기고 여행을 떠났다.
다섯 달란트 받은 사람은 곧 가서 그것으로 장사하여 다섯 달란트를 더 벌었고
두 달란트 받은 사람도 두 달란트를 더 벌었다.
그러나 한 달란트 받은 사람은 가서 땅을 파고 주인의 돈을 묻어 두었다.
오랜 후에 주인이 돌아와 그들과 셈을 하게 되었다.
다섯 달란트 받은 사람이 다섯 달란트를 더 가지고 와서 '주인님, 제게 다섯 달란트를 맡기셨는데 보십시오, 다섯 달란트를 더 벌었습니다.'하고 말하였다.
그래서 주인이 그에게 '잘하였다. 착하고 충실한 종아, 네가 작은 일에 충실하였으니 내가 너에게 많은 일을 맡기겠다. 너는 주인의 기쁨에 참여하여라.'하였다.
…

마태복음 7:12

그러므로 무엇이든지 너희가 남에게 대접을 받고 싶거든 먼저 남을 대접하여라. 이것이 곧 율법과 예언자들의 가르침이다.'

잠언 27:1
너는 내일 일을 자랑하지 말아라. 하루 동안에 무슨 일이 일어날지 모른다.

전도서 4:9-12
두 사람이 한 사람보다 더 나은 것은 협력하므로 일을 효과적으로 할 수 있기 때문이다.
만일 두 사람 중 하나가 넘어지면 다른 사람이 그를 도와 일으킬 수 있으나 혼자 있다가 넘어지면 그를 도와 일으켜 주는 자가 없으므로 그는 어려움을 당하게 된다.
추운 방에 두 사람이 함께 누우면 따뜻해진다. 그러나 혼자서 어떻게 따뜻해질 수 있겠는가?
한 사람으로서는 당해 낼 수 없는 공격도 두 사람이면 능히 막아낼 수 있으니 삼겹줄은 쉽게 끊어지지 않는다.

야고보서 5:1-5
부요한 사람들이여, 여러분은 닥쳐올 불행을 생각하고 울고 통곡하십시오.
여러분의 재물은 썩었고 옷은 벌써 좀먹었습니다.
그리고 금과 은이 녹슬었으니 그 녹이 여러분에게 증거가 되어 불같이 여러분의 살을 먹을 것입니다. 여러분은 세상 마지막 때에 재물을 쌓아 두었습니다.
여러분이 일꾼들에게 주지 않은 품삯이 소리치고 있으며 추수한 일꾼들의 부르짖는 소리를 전능하신 주 하나님이 들으셨습니다.
여러분은 이 세상에서 사치와 쾌락을 누리며 잡혀 죽을 날을 눈앞에 두고도 욕심만을 채워 왔습니다.

출애굽기 20:8-11
너희는 안식일을 기억하여 그 날을 거룩하게 지켜라.
6일 동안은 열심히 일하고

7일째 되는 날은 너희 하나님 여호와의 안식일이므로 그 날에는 아무 일도 하지 말아라. 너희나 너희 자녀들이나 너희 종이나 너희 가축이나 너희 가운데 사는 외국인도 일을 해서는 안 된다.
나 여호와는 6일 동안 하늘과 땅과 바다와 그 가운데 있는 모든 것을 만들고 7일째 되는 날에는 쉬었다. 그러므로 내가 안식일을 축복하고 그 날을 거룩하게 하였다.

마태복음 4:4
그러나 예수님은 마귀에게 이렇게 말씀하셨다. '성경에는 '사람이 빵으로만 살 것이 아니라 하나님의 모든 말씀으로 살아야 한다'라고 쓰여 있다.'

디모데후서 2:15
그대는 진리의 말씀을 올바르게 가르쳐 부끄러울 것이 없는 일꾼으로서 하나님에게 인정받는 사람이 되도록 최선을 다하시오.

마태복음 23:23
율법학자들과 바리새파 사람들아, 너희 위선자들에게 불행이 닥칠 것이다. 너희는 박하와 회향과 근채의 십일조는 바치면서 율법 가운데 더 중요한 정의와 자비와 믿음은 저버렸다. 그러나 십일조도 바치고 이것도 버리지 말았어야 했다.

말라기 3:10
너희는 온전한 십일조를 성전에 바쳐 내 집에 양식이 있게 하고 내가 하늘 문을 열어 쌓을 곳이 없도록 너희에게 복을 쏟아붓나 붓지 않나 나를 시험해 보아라.

레위기 25:37
너희는 그에게 이자를 받을 셈으로 돈을 빌려주지 말고 밥을 먹여 준다고 해서 무슨 이득을 바라서도 안 된다.

야고보서 5:3

그리고 금과 은이 녹슬었으니 그 녹이 여러분에게 증거가 되어 불같이 여러분의 살을 먹을 것입니다. 여러분은 세상 마지막 때에 재물을 쌓아 두었습니다.

신명기 15:1-4

'여러분은 7년마다 그 해 연말에 여러분이 받을 빚을 다 면제해 주십시오.

그 면제의 규정은 다음과 같습니다. 자기 동족에게 돈을 빌려준 사람은 그 빚을 면제해 주고 그것을 억지로 받으려고 독촉하지 마십시오. 여호와께서는 이 해가 되면 모든 빚이 면제된다고 선언하셨습니다.

여러분이 외국인에게는 빚을 갚으라고 독촉할 수 있습니다. 그러나 여러분의 동족에게는 그 빚을 면제해 주어야 합니다.

여러분이 만일 여러분의 하나님 여호와께 순종하고 내가 오늘 여러분에게 명령하는 이 모든 것을 충실히 지키기만 하면 여러분의 하나님 여호와께서 여러분에게 주신 땅에서 여러분이 복을 받아 여러분 중에 가난한 자가 하나도 없을 것입니다.

잠언 15:22

조언을 해 주는 사람이 없으면 계획한 일이 실패하여도 조언을 해 주는 사람이 많으면 계획한 일이 성공한다.

누가복음 6:24

그러나 너희 부요한 사람들에게는 불행이 닥칠 것이다. 너희는 이 세상에서 받을 수 있는 위로를 이미 다 받았다.

시편 37:11-25

온순한 자는 땅을 소유하며 큰 평안을 누릴 것이다.

악한 자가 선한 사람을 해할 음모를 꾸미고 그들을 향해 이를 가는구나.

여호와께서 악한 자들을 보고 웃으심은 그들이 곧 망할 것을 아시기 때문이다.

악인들이 칼을 뽑고 활을 당겨 가난한 자를 쓰러뜨리고 정직하게 사는 자를 죽이려 하지만
그 칼이 자기들의 심장을 찌르고 그 활은 부러질 것이다.
의로운 사람의 적은 소유가 악인의 많은 재물보다 더 가치가 있다.
여호와께서 악인의 힘은 빼앗고 의로운 사람은 돌보시기 때문이다.
여호와께서 흠 없이 사는 자들의 생활을 다 알고 계시니 그들의 상급이 영원하리라.
그들은 환난 때에도 어려움을 당하지 않으며 기근 때에도 풍족할 것이나
악인들은 멸망할 것이며 여호와의 원수들은 풀처럼 마르고 연기처럼 사라질 것이다.
악인은 돈을 빌려 쓰고도 갚지 않지만 의로운 사람은 은혜를 베풀고 주기를 좋아한다.
여호와의 축복을 받는 자는 땅을 소유할 것이며 여호와의 저주를 받는 자는 멸망하리라.
여호와께서 선한 사람의 걸음을 인도하시고 그의 길을 기뻐하시므로
그가 넘어져도 치명상을 입지 않을 것이니 여호와께서 손으로 그를 붙드심이다.
나는 지금까지 살아오면서 의롭게 사는 자가 버림을 당하거나 그의 자녀들이 구걸하는 것을 보지 못했다.

잠언 22:8
악을 뿌리는 사람은 재앙을 거둘 것이며 그의 분노의 기세도 꺾일 것이다.

마태복음 6:24
아무도 두 주인을 섬길 수 없다. 그렇게 되면 한편을 미워하고 다른 편을 사랑하든가 아니면 한편에게는 충성을 다하고 다른 편은 무시하게 될 것이다. 너희는 하나님과 재물을 함께 섬길 수 없다.

예레미아 29:11
너희를 위한 나의 계획은 내가 알고 있다. 그것은 너희에게 재앙을 주려는 것이 아니라 번영을 주고 너희에게 미래와 희망을 주려는 계획이다.

잠언 27:17-24
철이 철을 날카롭게 하는 것처럼 사람은 사람이 날카롭게 한다.
무화과나무를 보살피는 사람은 그 과실을 먹고 자기 주인을 잘 보살피는 사람은 영화를 누린다.
물이 사람의 얼굴을 비춰 주는 것처럼 사람의 마음이 사람을 비춰 준다.
죽음과 멸망이 만족함을 모르듯이 사람의 눈도 만족할 줄 모른다.
은과 금은 불로 연단되고 사람은 남이 하는 말로 평가된다.
미련한 자를 절구에 넣고 곡식과 함께 공이로 아무리 찧어 봐도 그의 미련한 것은 벗겨지지 않는다.
너는 네 양 떼의 형편을 철저하게 파악하고 항상 네 소 떼에 마음을 두어라.
재물은 영원히 있는 것이 아니며 면류관도 대대로 지속되는 것은 아니다.

신명기 25:13-16
여러분은 저울과 되를 속이지 말고 정확한 되와 저울을 사용하십시오. 그러면 여러분의 하나님 여호와께서 주시는 땅에서 여러분이 오랫동안 살게 될 것입니다.
여호와께서는 되와 저울을 속이는 사람을 미워하십니다.

잠언 28:8
비싼 이자를 받아 자기 재산을 늘리는 사람은 결국 가난한 자를 불쌍히 여기는 사람을 위해 재물을 쌓는 것이다.

잠언 14:21-23
자기 이웃을 멸시하는 사람은 죄를 짓는 자이며 가난한 자를 불쌍히 여기는 사람은 복 있는 자이다.
악한 일을 계획하는 사람은 잘못된 길을 가게 되지만 선한 일을 계획하는 사람은 사랑과 신의를 얻는다.
열심히 일하면 수입이 있어도 잡담만 하고 앉아 있으면 가난하게 된다.

잠언 10:1-5

이것은 솔로몬의 금언이다. 지혜로운 아들은 자기 아버지를 기쁘게 하지만 미련한 아들은 자기 어머니를 슬프게 한다.
부정한 방법으로 얻은 재물은 아무 유익이 없어도 정직은 생명을 구한다.
여호와께서 의로운 자들은 굶주리지 않게 하시지만 악인들의 욕망은 좌절시키신다.
손을 게을리 놀리는 자는 가난하게 되고 손을 부지런히 놀리는 자는 부하게 된다.
여름에 부지런히 거둬들이는 자는 지혜로운 아들이지만 추수 때에 잠자는 자는 수치스러운 아들이다.

잠언 13:20-25

지혜로운 사람과 함께 다니면 지혜를 얻고 미련한 사람과 사귀면 해를 입는다.
죄인에게는 재앙이 따르고 의로운 사람에게는 축복이 따른다.
선한 사람은 자기 재산을 후손에게 물려주지만 죄인의 재산은 선한 사람을 위해 쌓인다.
가난한 사람의 땅은 많은 양식을 낼 수도 있으나 불의가 그것을 쓸어 가 버린다.
매를 아끼는 것은 자식을 미워하는 것이다. 진정으로 자식을 사랑하는 부모는 성실하게 자식을 징계한다.
의로운 사람은 배불리 먹을 것이 있어도 악인의 배는 언제나 허기증을 느낀다.

신명기 8:18

여러분에게 부유해지는 능력을 주신 분이 여러분의 하나님 여호와이심을 기억하십시오. 여호와께서 이렇게 하시는 것은 여러분의 조상들에게 하신 약속을 오늘날처럼 지키기 위해서입니다.

레위기 19:35-36
너희는 재판할 때 공정하게 하라. 물건을 사고 팔 때도 서로 속이지 말며 공평한 도량형기를 사용해야 한다. 나는 너희를 이집트에서 인도해 낸 너희 하나님 여호와이다.
너희는 나의 모든 명령과 규정을 그대로 준수하라. 나는 여호와이다.'

잠언 18:9-15
자기 일을 게을리하는 사람은 패망하는 자의 형제이다.
여호와는 견고한 망대와 같아서 의로운 사람이 그에게 달려가면 안전하게 피할 수 있다.
부자들은 그들의 재산을 태산처럼 믿고 그것이 자기들을 보호해 줄 것으로 알고 있다.
사람이 망하려면 먼저 교만해지지만 존경을 받을 사람은 먼저 겸손해진다.
사연을 들어 보지도 않고 대답하면 어리석은 사람으로 무시 당한다.
사람이 병들면 정신력으로 지탱할 수 있으나 그 정신력마저 잃으면 아무 희망이 없어진다.
총명한 사람의 마음은 지식을 얻고 지혜로운 사람의 귀는 지식을 추구한다.

신명기 28:2-6
만일 여러분이 여러분의 하나님 여호와께 순종하면 다음과 같은 복을 받게 될 것입니다.
여러분이 가정에서도 복을 받고 일터에서도 복을 받을 것이며
자손이 번성하고 농사가 잘 되고 가축이 증식하며
먹을 것이 풍성할 것입니다.

그리고 여러분이 하는 일마다 복을 받아 다 잘 될 것입니다.

잠언 13:22-25

선한 사람은 자기 재산을 후손에게 물려 주지만 죄인의 재산은 선한 사람을 위해 쌓인다.
가난한 사람의 땅은 많은 양식을 낼 수도 있으나 불의가 그것을 쓸어 가 버린다.
매를 아끼는 것은 자식을 미워하는 것이다. 진정으로 자식을 사랑하는 부모는 성실하게 자식을 징계한다.
의로운 사람은 배불리 먹을 것이 있어도 악인의 배는 언제나 허기증을 느낀다.

시편 15:5

돈을 빌려 주고도 이자를 받지 않으며 뇌물을 받고 죄 없는 자를 해치지 않는 자니 이런 자들은 영원히 흔들리지 않으리라.

레위기 25:13-17

희년이 되면 너희는 팔려온 종이라도 자기 집으로 돌려보내고 남에게 산 재산도 본래의 주인에게 돌려 주어야 한다.
너희는 땅을 사고 팔 때 서로 속이지 말아라.
그 값은 다음 희년까지 남은 햇수를 계산하고 이용 가치를 따져서 결정해야 한다.
만일 다음 희년까지 남은 햇수가 많으면 값을 많이 받고 남은 햇수가 적으면 값을 적게 받아야 한다. 그러므로 사고 파는 가격은 다음 희년까지의 남은 햇수와 수확량에 비례한다.
너희는 값을 서로 속이지 말고 너희 하나님을 두려워하라. 나는 너희 하나님 여호와이다.

2. 경제와 관련된 성경 말씀

잠언 22:16

자기 사욕을 위해서 가난한 사람을 학대하는 자와 부자에게 뇌물을 주는 자는 가난하게 될 것이다.

야고보서 5:1-5

부요한 사람들이여, 여러분은 닥쳐올 불행을 생각하고 울고 통곡하십시오.
여러분의 재물은 썩었고 옷은 벌써 좀먹었습니다.
그리고 금과 은이 녹슬었으니 그 녹이 여러분에게 증거가 되어 불같이 여러분의 살을 먹을 것입니다. 여러분은 세상 마지막 때에 재물을 쌓아 두었습니다.
여러분이 일꾼들에게 주지 않은 품삯이 소리치고 있으며 추수한 일꾼들의 부르짖는 소리를 전능하신 주 하나님이 들으셨습니다.
여러분은 이 세상에서 사치와 쾌락을 누리며 잡혀 죽을 날을 눈앞에 두고도 욕심만을 채워 왔습니다.

잠언 21:20

지혜로운 사람은 앞날을 위해서 저축하지만 미련한 사람은 닥치는 대로 써 버린다.

잠언 28:22

이기적인 사람은 재산을 모으는 데 급급하지만 가난이 자기에게 밀어닥칠 것을 모르고 있다.

신명기 28:2-68

만일 여러분이 여러분의 하나님 여호와께 순종하면 다음과 같은 복을 받게 될 것입니다.
여러분이 가정에서도 복을 받고 일터에서도 복을 받을 것이며
자손이 번성하고 농사가 잘 되고 가축이 증식하며
먹을 것이 풍성할 것입니다.
그리고 여러분이 하는 일마다 복을 받아 다 잘 될 것입니다.
…
여호와께서 여러분이 하는 모든 일에 복을 주셔서 여러분의 창고가 가득 차게 하실 것입니다. 이와 같이 여호와께서는 여러분에게 주실 땅에서 여러분을 축복하실 것입니다.
만일 여러분이 여러분의 하나님 여호와께 순종하고 그분이 명령하신 모든 것을 지키면 여호와께서 약속하신 대로 여러분을 그의 거룩한 백성이 되게 하실 것입니다.
그러면 세상의 모든 민족이 여호와께서 여러분을 자기 백성으로 택한 것을 보고 여러분을 두려워할 것입니다.
…

잠언 16:8-11

정직하게 번 적은 수입이 부정하게 번 많은 수입보다 낫다.
사람이 마음으로 자기 길을 계획할지라도 그 걸음을 인도하시는 분은 여호와이시다.
하나님의 말씀이 왕의 입술에 있으면 왕의 재판이 잘못되지 않을 것이다.
사람은 모든 상거래에 있어서 정직해야 한다. 이것이 여호와께서 세우신 원칙이다.

잠언 21:5-6

신중한 계획으로 성실하게 일하면 부유하게 되고 조급하게 굴면 가난하게 된다.
속여서 얻은 재물은 사라지는 안개와 같고 죽음의 덫과 같다.

잠언 12:11-15

열심히 일하는 농부는 먹을 것이 풍족할 것이나 헛된 일을 추구하는 사람은 지각이 없는 자이다.
악인은 부정 이득을 탐하여도 의로운 사람은 노력의 대가로 만족한다.
악인은 자기가 한 말로 덫에 걸려도 의로운 사람은 환난에서 벗어난다.
사람이 진실을 말하면 큰 만족을 얻고 열심히 일하면 많은 복이 돌아온다.
어리석은 사람은 자기 행위가 옳은 줄로 생각하지만 지혜로운 사람은 남의 충고를 듣는다.

마태복음 25:1-46

…

또 하늘나라는 여행을 떠나면서 종들을 불러 자기 재산을 맡긴 사람과 같다.
주인은 각 사람의 능력에 따라 한 사람에게는 다섯 달란트를, 또 한 사람에게는 두 달란트를, 다른 한 사람에게는 한 달란트를 각각 맡기고 여행을 떠났다.
다섯 달란트 받은 사람은 곧 가서 그것으로 장사하여 다섯 달란트를 더 벌었고 두 달란트 받은 사람도 두 달란트를 더 벌었다.
그러나 한 달란트 받은 사람은 가서 땅을 파고 주인의 돈을 묻어 두었다.
오랜 후에 주인이 돌아와 그들과 셈을 하게 되었다.
다섯 달란트 받은 사람이 다섯 달란트를 더 가지고 와서 '주인님, 제게 다섯 달란트를 맡기셨는데 보십시오, 다섯 달란트를 더 벌었습니다.'하고 말하였다.
그래서 주인이 그에게 '잘하였다. 착하고 충실한 종아, 네가 작은 일에 충실하였으니 내가 너에게 많은 일을 맡기겠다. 너는 주인의 기쁨에 참여하여라.'하였다.

…

마태복음 20:1-34

…

그래서 그들은 품삯을 받고 주인에게 불만을 털어놓기 시작했다.

'나중에 온 사람들은 한 시간밖에 일하지 않았는데 종일 더위에 시달리며 수고한 우리와 똑같이 대우해 줍니까?'

그러나 주인은 그들 중 한 사람에게 이렇게 대답하였다. '내가 네게 잘못한 것이 없다. 네가 나와 한 데나리온으로 약속하지 않았느냐?

네 것이나 가지고 가거라. 나중에 온 이 사람에게 너와 똑같이 주는 것은 내 마음이다.

내 것을 가지고 내 마음대로 못한단 말이냐? 내 너그러움이 네 비위에 거슬리느냐?'

이와 같이 앞선 사람이 뒤떨어지고 뒤진 사람이 앞설 것이다.'

…

예레미야 12:1-17

여호와여, 내가 주와 논쟁한다고 해도 주는 의로우신 분이십니다. 그러나 내가 주께 한 가지 물어보고 싶습니다. 악한 자가 잘되고 정직하지 못한 자가 성공하는 것은 무슨 이유입니까?

주께서 그들을 심으셨기 때문에 그들이 뿌리를 박고 자라 열매를 맺었습니다. 그런데도 그들은 입술로만 주를 가까이할 뿐 마음으로는 주를 멀리하고 있습니다.

여호와여, 주는 나를 아시고 또 나를 보고 계시며 주를 향하는 내 마음 자세를 살피고 계십니다. 양을 잡으려고 끌어내듯 이 악한 자들을 끌어내어 죽일 날을 위해 준비하소서.

언제까지 이 땅이 슬퍼하며 들의 모든 초목이 말라야 하겠습니까? 이 땅에 사는 사람들이 악하므로 짐승과 새들도 전멸하게 되었습니다. 더구나 그들은 '우리가 하는 일을 그는 보지 못한다.'하고 말합니다.

여호와께서 나에게 대답하셨다. '네가 걸어다니는 사람과 함께 달려도 피곤하다면 어떻게 말과 경주를 하겠느냐? 네가 안전한 땅에서 비틀거린다면 요단의 숲에서는 어떻게 하겠느냐?

…

창세기 27:28-29

하나님이 너에게 하늘의 이슬을 주시고 네 땅을 기름지게 하시며 너에게 풍성한 곡식과 포도주를 주시기 원하노라.

수많은 민족이 너를 섬기고 모든 나라가 너에게 굴복하며 네가 네 형제들의 주인이 되고 네 친척들이 너에게 굴복하기 원하며 너를 저주하는 자는 저주를 받고 너를 축복하는 자는 복을 받기 원하노라.'

창세기 18:18

아브라함은 막강한 나라의 조상이 될 것이며 세상의 모든 민족이 그를 통해 복을 받을 것이다.

시편 24:1-5

(다윗의 시)

땅과 그 안에 있는 모든 것이 여호와의 것이요 세계와 그 안에 사는 모든 생명체도 다 여호와의 것이다.

여호와께서 그 터를 바다 위에 세우시고 지하의 깊은 물에 건설하셨다.

누가 여호와의 산에 오를 수 있으며 그 거룩한 곳에 설 수 있는가?

오로지 행동과 생각이 깨끗하고 순수하며 우상을 숭배하지 않고 거짓으로 맹세하지 않는 자들이다.

그들은 여호와께 복을 받고 구원의 하나님께 의로운 자로 인정받을 것이다.

신명기 15:1-23

'여러분은 7년마다 그 해 연말에 여러분이 받을 빚을 다 면제해 주십시오.

그 면제의 규정은 다음과 같습니다. 자기 동족에게 돈을 빌려준 사람은 그 빚을 면제해 주고 그것을 억지로 받으려고 독촉하지 마십시오. 여호와께서는 이 해가 되면 모든 빚이 면제된다고 선언하셨습니다.
여러분이 외국인에게는 빚을 갚으라고 독촉할 수 있습니다. 그러나 여러분의 동족에게는 그 빚을 면제해 주어야 합니다.
여러분이 만일 여러분의 하나님 여호와께 순종하고 내가 오늘 여러분에게 명령하는 이 모든 것을 충실히 지키기만 하면 여러분의 하나님 여호와께서 여러분에게 주신 땅에서 여러분이 복을 받아 여러분 중에 가난한 자가 하나도 없을 것입니다.
여러분의 하나님 여호와께서 약속하신 대로 여러분에게 복을 주셔서 여러분이 많은 나라에 돈을 빌려주기는 해도 빌리지는 않을 것이며 여러분이 여러 나라를 통치하는 일은 있어도 지배받는 일은 없을 것입니다.
여러분의 하나님 여호와께서 여러분에게 주신 땅의 어느 성에서든지 여러분 가운데 가난한 사람이 있으면 그를 너무 인색하게 대하지 말고
그에게 필요한 것을 빌려주십시오.
빚이 면제되는 해가 가까왔다고 해서 악한 마음을 품고 가난한 사람에게 빌려주는 것을 거절하지 마십시오. 여러분이 만일 몰인정하게 아무것도 빌려주지 않으면 그가 여러분에 대하여 여호와께 호소할 것이며 그것이 여러분에게 죄가 될 것입니다.
여러분은 아낌없이 도와주고 인색한 마음을 품지 마십시오. 그러면 여러분의 하나님 여호와께서 여러분이 하는 모든 일에 복을 주실 것입니다.
여러분 중에는 언제나 가난한 사람이 있기 마련입니다. 그래서 내가 여러분에게 가난한 사람을 아낌없이 도와주라고 명령하는 것입니다.
만일 여러분의 동족이 남자든 여자든 종으로 팔려와서 6년 동안 여러분을 섬기면 7년째 되는 해에는 그를 자유의 몸이 되게 하십시오.
…

신명기 8:6-20

…

양식이 풍부하여 부족함이 없고 철이 돌처럼 흔하며 산에 구리가 많은 땅입니다.

여러분은 먹을 것이 풍부할 때 여러분의 하나님 여호와께서 주신 기름진 강에 대하여 그분에게 감사하십시오.

여러분은 오늘 내가 가르치는 여호와의 모든 법과 규정을 어기고 여러분의 하나님 여호와를 잊어버리지 않도록 조심하십시오.

여러분이 먹을 것이 풍부하고 아름다운 집을 짓고 살며

양떼와 소떼와 은과 금과 여러분의 재산이 많아질 때

여러분은 교만하여 이집트에서 종살이하던 여러분을 인도해 내신 여러분의 하나님 여호와를 잊지 않도록 명심해야 합니다.

레위기 26:3-10

만일 너희가 내 법의 따라 살고 내 명령에 순종하면

내가 너희에게 제때에 비를 주어 땅이 풍성한 작물을 내고 나무가 많은 과일을 맺도록 하겠다.

그러면 너희가 포도를 딸 때까지 추수할 것이며 다시 파종할 때까지 포도를 따낼 것이다. 그리고 너희는 무엇이나 배불리 먹을 것이며 그 땅에서 안전하게 살 수 있을 것이다.

내가 너희 땅에 평화를 주겠다. 너희는 안심하고 잠잘 수 있을 것이다. 또 내가 사나운 짐승을 쫓아내고 그 땅에 전쟁이 없게 하겠다.

너희가 대적을 추격할 것이며 그들이 너희 칼에 쓰러질 것이다.

너희 다섯이 백을, 너희 백이 만을 쫓을 것이니 너희 대적들이 너희 앞에서 칼날에 쓰러질 것이다.

내가 너희를 보살피고 너희를 신성하게 하며 너희와 맺은 계약을 반드시 지키겠다.

너희는 추수한 곡식이 너무 많아 새 곡식이 나면 묵은 곡식을 버리게 될 것이다.

레위기 25:1-26:46

여호와께서는 시내산에서 모세를 통하여 이스라엘 백성에게 이렇게 말씀하셨다. '너희는 내가 주는 땅에 들어가거든 7년마다 한 해씩 땅을 묵혀 나 여호와 앞에서 안식년으로 지켜라.
너희가 6년 동안은 밭에 파종을 하고 포도원을 가꾸어 포도를 따낼 것이나
7년째에는 땅을 완전히 묵혀 나 여호와 앞에서 쉬도록 하라. 이 해는 안식하는 해이므로 밭에 씨를 뿌리거나 포도원을 가꾸어서는 안 된다.
너희는 저절로 자란 곡식을 추수하지 말며 가꾸지 않은 포도나무에서 저절로 맺은 포도송이도 거두어들이지 말아라. 이것은 땅을 위한 안식년이기 때문이다.
그리고 안식년에 밭에서 저절로 자란 농산물은 너희와 너희 종들과 너희가 고용한 품꾼과 너희 중에 사는 외국인과
너희 가축과 들짐승이 자유로이 먹게 하라.
너희는 7년마다 돌아오는 안식년이 일곱 번 지난 해, 곧 49년이 지난 다음 속죄일인 7월 10일에 전국적으로 나팔을 크게 불어라.
너희는 50년째가 되는 해를 거룩한 해로 정하고 너희 땅에 사는 모든 백성에게 자유를 선포하라. 이 해는 너희가 지켜야 할 희년이다. 그러므로 만일 너희가 남의 재산을 산 것이 있으면 본 주인이나 그 후손에게 도로 돌려주어야 하며 종으로 팔려온 자도 자기 가족에게 도로 돌려보내야 한다.
50년마다 돌아오는 희년에는 파종도 하지 말고 저절로 난 것을 추수하지도 말며 손질하지 않은 포도송이를 거둬들이지도 말아라.
희년은 너희에게 거룩한 해이다. 그러므로 너희는 미리 비축해 둔 밭의 농산물만 먹어야 한다.
희년이 되면 너희는 팔려온 종이라도 자기 집으로 돌려보내고 남에게 산 재산도 본래의 주인에게 돌려주어야 한다.
너희는 땅을 사고팔 때 서로 속이지 말아라.

그 값은 다음 희년까지 남은 햇수를 계산하고 이용 가치를 따져서 결정해야 한다.

…

3. 경제 정의와 관련된 성경 말씀

이사야 1:17

선하게 사는 법을 배우고 정의를 추구하며 학대받는 자를 도와주고 고아를 보호하고 과부를 위해 변호하라.'

미가서 6:8

사람들아, 여호와께서 선한 것이 무엇인지 너희에게 보이셨다. 그가 너희에게 요구하는 것은 옳은 일을 행하며 한결같은 사랑을 보이고 겸손한 마음으로 너희 하나님과 교제하며 사는 것이다.

잠언 29:7

의로운 사람은 가난한 사람의 사정을 생각하여도 악한 사람은 그런 것을 이해하지 못한다.

레위기 19:15

재판관은 부정한 재판을 해서는 안된다. 가난한 자라고 해서 두둔하거나 세력있는 자라고 해서 유리한 판결을 내리지 말아라. 재판은 어디까지나 공정하게 해야 한다.

야고보 1:27

하나님 아버지 앞에서 깨끗하고 순수한 신앙은 어려운 처지에 있는 고아와 과부들을 돌봐 주고 자신을 지켜 세속에 물들지 않는 이것입니다.

전도서 2:15
나는 혼자 이런 생각을 하였다. '하나님은 의로운 자와 악인을 다 같이 심판하실 것이다. 이것은 모든 일과 사건이 일어난 때가 있기 때문이다.'

아모스 5:24
오히려 너희는 공정을 물처럼 흐르게 하고 정의를 마르지 않는 시내처럼 흐르게 하라.

시편 82:3
너희는 가난한 자와 고아의 권리를 옹호하며 가난하고 고통당하는 자들에게 공정한 재판을 하라.

누가복음 4:18-19
'주께서 나를 성령으로 충만하게 하셨으니 가난한 사람에게 기쁜 소식을 전하게 하시려고 나를 택하여 보내셨다. 그가 나를 보내신 것은 마음 상한 자를 고치고 포로에게 자유를 선포하며 눈먼 사람을 다시 보게 하고 짓눌린 사람을 풀어 주며
주께서 은혜 베푸실 때를 전파하도록 하기 위해서이다.'

예레미야 22:3
'너희는 옳고 공정한 일을 행하며 강탈당한 자를 억압자의 손에서 건지고 외국인과 고아와 과부를 압박하거나 학대하지 말며 이곳에서 죄 없는 자의 피를 흘리지 말아라.

시편 140:12
여호와여, 주는 가난하고 고통당하는 자들을 돕고 그들의 권리를 옹호하시는 분이심을 내가 알고 있습니다.

로마서 13:4

그는 여러분의 유익을 위해 일하는 하나님의 일꾼입니다. 그러나 여러분이 악한 일을 하면 두려워하십시오. 그가 쓸데없이 칼을 가진 것이 아닙니다. 그는 악한 일을 하는 사람들에게 하나님의 형벌을 내리는 하나님의 일꾼입니다.

로마서 12:19

사랑하는 여러분, 여러분이 직접 복수하지 말고 하나님께 맡기십시오. 성경에는 '원수 갚는 것은 나의 일이다. 내가 갚아 주겠다.'라고 기록되어 있습니다.

스가랴 8:16-17

너희가 할 일은 이렇다. '너희는 서로 진실을 말하고 평화를 위해서 공정한 재판을 하며

서로 해할 음모를 꾸미지 말고 거짓 맹세하기를 좋아하지 말아라. 이 모든 것은 다 내가 미워하는 것이다.'

잠언 21:15

정의가 실현되면 의로운 사람이 기뻐하지만 악인은 두려워한다.

시편 37:27-29

악에서 떠나 선을 행하라. 그러면 너희가 영원히 살리라.

여호와께서는 공정한 것을 사랑하시고 그의 신실한 백성을 버리지 않으신다. 그들은 영원히 보호를 받을 것이나 악인의 자손들은 망할 것이다.

의로운 자는 땅을 소유하며 그곳에 영원히 살 것이다.

이사야 30:18

그러나 여호와께서는 아직도 너희가 돌아오기를 기다리고 계시며 너희에게 사랑을 베푸시려고 하신다. 여호와는 의로우신 분이시므로 너희를 불쌍히 여기실

것이다. 그러므로 여호와를 의지하는 자는 복 있는 자이다.

시편 106:3

항상 공정하고 옳은 일을 행하는 자는 복 있는 사람이다.

야고보서 5:4

여러분이 일꾼들에게 주지 않은 품삯이 소리치고 있으며 추수한 일꾼들의 부르짖는 소리를 전능하신 주 하나님이 들으셨습니다.

잠언 31:9

입을 열어 공정한 재판을 하고 가난하고 고통당하는 사람들의 억울한 문제를 해결해 주어라.

잠언 28:5

악인은 정의를 깨닫지 못하지만 여호와를 찾는 사람은 모든 것을 깨닫는다.

잠언 24:24-25

죄지은 사람에게 무죄를 선언하는 자는 온 세상 사람들에게 저주를 받고 미움을 살 것이지만

그를 과감하게 책망하는 사람은 기쁨을 얻고 풍성한 복을 받을 것이다.

누가복음 6:37

남을 판단하지 말아라. 그러면 너희도 판단을 받지 않을 것이다. 남을 죄인으로 단정하지 말아라. 그러면 너희도 죄인 취급을 받지 않을 것이다. 남을 용서하여라. 그러면 너희도 용서를 받을 것이다.

이사야 61:8

여호와께서 말씀하신다. '나는 정의를 사랑하며 강탈과 부정을 미워한다. 내가 성실히 내 백성에게 보상할 것이며 그들과 영원한 계약을 맺을 것이다.

신명기 32:4

그는 반석이시요, 그의 일은 안전하며 그가 하는 모든 일이 공정하니 그는 진실하고 정직한 분이시다.

신명기 24:17

여러분은 외국인과 고아가 공정한 재판을 받지 못하는 일이 없도록 하십시오. 그리고 과부의 옷을 담보물로 잡아서는 안 됩니다.

출애굽기 23:6

너희는 가난한 사람의 소송 문제라 해서 공정하지 못한 재판을 해서는 안 된다.

말라기 3:5

여호와께서 말씀하신다. '내가 심판하러 너희에게 나타날 것이다. 마술하는 자와 간음하는 자와 거짓 증거하는 자와 고용인의 임금을 속이는 자, 그리고 과부와 고아와 외국인을 억압하며 나를 두려워하지 않는 자들에게 내가 속히 가서 그들의 죄상을 드러내겠다.'

에베소서 4:28

도둑질하는 사람은 이제부터 도둑질하지 말고 제 손으로 열심히 일하여 선한 일을 하십시오. 그러면 가난한 사람들을 도울 수 있게 될 것입니다.

잠언 31:8-9

너는 자기 스스로 말할 수 없는 사람들을 대변해 주고 불행한 사람들의 진리를

옹호해 주며
입을 열어 공정한 재판을 하고 가난하고 고통당하는 사람들의 억울한 문제를 해결해 주어라.

레위기 19:10
그리고 포도를 딸 때도 다 따지 말고 땅에 떨어진 포도는 줍지 말아라. 너희는 이 모든 것을 가난한 자와 나그네를 위해 남겨 두어야 한다. 나는 너희 하나님 여호와이다.

잠언 14:31
가난한 자를 학대하는 사람은 그를 지으신 하나님을 멸시하는 자이며 가난한 자를 불쌍히 여기는 사람은 하나님을 존경하는 자이다.

시편 33:5
여호와께서 의롭고 공정한 것을 사랑하시므로 세상이 온통 그의 사랑으로 충만하구나.

신명기 27:19
외국인과 고아와 과부의 재판을 공정하게 하지 않는 자는 저주를 받을 것이다.

신명기 10:18
그분은 또 고아와 과부들이 정당한 대우를 받게 하시고 나그네를 사랑하셔서 그들에게 먹을 것과 입을 것을 주십니다.

스가랴 7:9-10
'오래전에 나는 내 백성에게 이렇게 말하였다. '너희는 공정한 재판을 하고 서로 서로 자비와 온정을 베풀며

과부와 고아와 외국인과 가난한 자를 억압하지 말고 남을 해칠 계획을 꾸미지 말아라.'

잠언 14:21

자기 이웃을 멸시하는 사람은 죄를 짓는 자이며 가난한 자를 불쌍히 여기는 사람은 복 있는 자이다.

시편 89:14

의와 심판이 주의 보좌의 기초가 되었으며 사랑과 성실이 주 앞에 있습니다.

역대하 19:7

그러므로 여러분은 여호와를 두려워하는 마음으로 신중하게 재판하십시오. 우리 하나님 여호와께서는 부정하고 공정치 못한 재판이나 뇌물 받는 일을 용납하지 않으십니다.'

야고보서 2:5

사랑하는 형제 여러분, 내 말을 잘 들으십시오. 하나님은 세상의 가난한 사람들을 택하여 믿음에 부요하게 하시고 자기를 사랑하는 사람들에게 약속하신 나라를 그들이 소유하게 하지 않았습니까?

잠언 22:22-23

가난한 사람의 약점을 이용하려 들지 말며 법정에서 무력한 자를 억누르지 말아라.

호세아 12:6

야곱의 후손들아, 너희는 너희 하나님께 돌아와서 사랑과 정의의 원리대로 살고 항상 너희 하나님을 바라보아라.

이사야 61:8-9
여호와께서 말씀하신다. '나는 정의를 사랑하며 강탈과 부정을 미워한다. 내가 성실히 내 백성에게 보상할 것이며 그들과 영원한 계약을 맺을 것이다.

신명기 16:20
여러분은 언제나 공정하고 정직하십시오. 그러면 여러분은 살 수 있을 것이며 여러분의 하나님 여호와께서 여러분에게 주시는 땅을 소유할 것입니다.

야고보서 2:15-16
어떤 형제나 자매가 당장 입을 옷이 없고 끼니를 때울 양식이 없는데 여러분 가운데 누가 '평안히 가십시오. 몸을 따뜻하게 하십시오. 배불리 먹으십시오.'하고 실제로 필요한 것을 주지 않는다면 그런 말이 무슨 소용이 있겠습니까?

신명기 15:7-8
여러분의 하나님 여호와께서 여러분에게 주신 땅의 어느 성에서든지 여러분 가운데 가난한 사람이 있으면 그를 너무 인색하게 대하지 말고
그에게 필요한 것을 빌려주십시오.

디모데전서 6:17-18
그대는 이 세상의 부자들에게 교만하거나 곧 없어질 재물에 희망을 두지 말고 오직 하나님께 희망을 두라고 가르치시오. 하나님은 우리에게 모든 것을 넘치게 주셔서 누리게 하십니다.
그리고 그들에게 선을 행하고 선한 일에 부요하며 나눠 주기를 좋아하고 남의 어려움을 깊이 동정하는 사람이 되라고 가르치시오.

예레미야 9:23-24
여호와께서 말씀하신다. '지혜로운 자는 자기 지혜를 자랑하지 말고 강한 자는

자기 힘을 자랑하지 말며 부자는 자기의 부요함을 자랑하지 말아라. 자랑하는 사람은 나를 이해하고 아는 것과 그리고 내가 자비를 베풀며 옳고 공정한 일을 행하는 여호와임을 아는 것으로 자랑하라. 나는 이런 것을 기뻐한다. 이것은 나 여호와의 말이다.'

이사야서 56:1

여호와께서 자기 백성에게 말씀하신다. '너희는 공정하고 옳은 일을 행하라. 내가 곧 너희를 구원할 것이다.

전도서 5:8

가난한 사람이 학대받는 것과 정의가 무시당하는 것을 보아도 너는 놀라지 말아라. 모든 관리는 자기보다 더 높은 사람의 감시를 받고 있다.

잠언 21:3

외롭고 공정한 일을 하는 것이 제사를 드리는 것보다 여호와를 더 기쁘시게 한다.

시편 50:6

하늘이 하나님의 의를 선포하니 그가 친히 재판장이 되심이라.

욥기 34:12

그러므로 전능하신 하나님이 악을 행하시고 공정치 못하다는 것은 감히 생각할 수도 없는 일이오.

잠언 18:5

재판석에서 악인을 옹호하고 의로운 사람을 죄인 취급하는 것은 옳지 못한 일이다.

4. 근면성과 관련된 성경 말씀

잠언 21:5

신중한 계획으로 성실하게 일하면 부유하게 되고 조급하게 굴면 가난하게 된다.

골로새서 3:23

무슨 일을 하든지 사람에게 하듯 하지 말고 주님께 하듯 성실하게 하십시오.

잠언 10:4

손을 게을리 놀리는 자는 가난하게 되고 손을 부지런히 놀리는 자는 부하게 된다.

잠언 13:4

게으른 자는 원하는 것이 있어도 얻지 못하지만 부지런한 사람은 원하는 것을 풍족하게 얻는다.

전도서 9:10

너는 무슨 일을 하든지 최선을 다하라. 네가 앞으로 들어갈 무덤에는 일도 없고 계획도 없으며 지식이나 지혜도 없다.

잠언 14:23

열심히 일하면 수입이 있어도 잡담만 하고 앉아 있으면 가난하게 된다.

잠언 12:24

부지런한 자는 사람을 다스려도 게으른 자는 종살이를 면치 못한다.

디모데후서 2:15

그대는 진리의 말씀을 올바르게 가르쳐 부끄러울 것이 없는 일꾼으로서 하나님에게 인정받는 사람이 되도록 최선을 다하시오.

잠언 12:11

열심히 일하는 농부는 먹을 것이 풍족할 것이나 헛된 일을 추구하는 사람은 지각이 없는 자이다.

데살로니가전서 4:11

그리고 우리가 여러분에게 명령한 것처럼 조용한 생활을 하고 남의 일에 간섭하지 말며 손수 일하도록 하십시오.

사도행전 20:35

이처럼 내가 모든 일에 모범을 보였으니 여러분도 '주는 것이 받는 것보다 복이 있다.'는 주 예수님의 말씀을 기억하고 열심히 일하여 약한 사람들을 도우십시오.'

잠언 24:27

너는 네 집을 짓기에 앞서 먼저 생활 기반부터 마련하여라.

잠언 20:4

제철에 밭을 갈지 않은 게으른 농부는 추수 때가 되어도 얻을 것이 없다.

베드로전서 4:11
말씀을 전하는 사람은 하나님의 말씀을 전하는 것처럼 하고 봉사하는 사람은 하나님이 주시는 힘으로 하는 것처럼 하십시오. 그러면 모든 일에 예수 그리스도를 통해 하나님이 영광을 받으실 것입니다. 그분에게 영광과 능력이 길이길이 함께하기를 바랍니다. 아멘.

시편 127:2
아침 일찍 일어나고 밤늦게 자면서 고달프게 벌어먹고 사는 것도 헛된 일이다. 그래서 여호와께서는 자기가 사랑하는 자에게 잠을 주신다.

디도서 2:9-12
종들에게는 모든 일이 자기 주인에게 순종하여 주인을 기쁘게 하고 말대꾸하지 말며 주인의 것을 훔치지 말고 선한 충성을 다하라고 가르치시오. 그러면 그들이 모든 일에 우리 구주 하나님의 교훈을 빛낼 것입니다.
이것은 구원을 주시는 하나님의 은혜가 모든 사람에게 나타났기 때문입니다.
그 은혜는 우리에게 경건치 않은 것과 세상적인 정욕을 버리고 이 세상에서 절제하며 의롭고 경건하게 살라고 가르칩니다.

잠언 28:19
열심히 일하는 농부는 먹을 것이 많아도 헛되게 시간을 보내는 사람은 가난하게 된다.

잠언 24:30-34
내가 한때 게으른 자의 밭과 지혜 없는 사람의 포도원을 지나가다가
온통 가시덤불이 덮여 있고 잡초가 무성하며 돌담이 무너져 있는 것을 보고
깊이 생각하는 중에 이런 교훈을 얻었다.
'좀 더 자자. 좀 더 졸자. 손을 모으고 좀 더 쉬자.'하는 자에게는
가난이 강도처럼 갑자기 밀어닥치고 빈곤이 군사처럼 몰려올 것이다.

잠언 20:13
잠자기를 좋아하면 가난하게 된다. 눈을 뜨고 열심히 일하라. 그러면 먹을 것이 풍족할 것이다.

잠언 18:9
자기 일을 게을리하는 사람은 패망하는 자의 형제이다.

잠언 6:6-11
게으른 자여, 개미에게 가서 그 하는 일을 보고 지혜를 얻어라.
개미는 두목이나 지도자나 감독관이 없어도
여름 동안에 부지런히 일하여 추수 때에 겨울철에 먹을 양식을 모은다.
게으른 자여, 네가 언제까지 누워 있을 작정이냐? 언제나 네가 깨어서 일어나겠느냐?
'좀 더 자자. 좀 더 졸자. 손을 모으고 좀 더 쉬자.'하면
네가 자는 동안에 가난이 강도같이 너에게 찾아들 것이다.

골로새서 3:24
여러분은 주님에게 하늘의 축복을 상으로 받게 될 것을 기억하십시오. 여러분은 주님이신 그리스도를 섬기는 사람들입니다.

에베소서 6:6-7
아첨하는 사람처럼 눈가림으로 하지 말고 그리스도의 종들처럼 마음을 다하여 하나님의 뜻을 행하십시오.
그리고 주님을 섬기듯 기쁨으로 주인을 섬기며 사람에게 하듯 하지 마십시오.

에베소서 4:28
도둑질하는 사람은 이제부터 도둑질하지 말고 제 손으로 열심히 일하여 선한 일을 하십시오. 그러면 가난한 사람들을 도울 수 있게 될 것입니다.

로마서 12:8
권면하는 사람은 격려의 말로, 남을 구제하는 사람은 후하게, 지도자는 열심으로, 자선을 베푸는 사람은 기쁨으로 하십시오.

누가복음 10:7
너희는 한집에 머물면서 주인이 주는 것을 먹고 마셔라. 일꾼이 자기 품삯을 받는 것이 마땅하다. 너희는 이집 저집 옮겨 다니지 말아라.

마태복음 6:24
아무도 두 주인을 섬길 수 없다. 그렇게 되면 한편을 미워하고 다른 편을 사랑하든가 아니면 한편에게는 충성을 다하고 다른 편은 무시하게 될 것이다. 너희는 하나님과 재물을 함께 섬길 수 없다.

잠언 21:25
일하기를 싫어하는 게으른 자에게는 욕심, 바로 그것이 죽음이다.

잠언 13:11
쉽게 얻은 재산은 점점 줄어들고 힘들여 모은 재산은 점점 늘어간다.

잠언 12:14
사람이 진실을 말하면 큰 만족을 얻고 열심히 일하면 많은 복이 돌아온다.

에베소서 5:15-17
그러므로 여러분은 어떻게 살아야 할 것인가를 조심스럽게 살피고 지혜 없는 사람이 아니라 지혜 있는 사람처럼
시간을 아끼십시오. 이 시대는 악합니다.
여러분은 어리석은 사람이 되지 말고 주님의 뜻이 무엇인지 이해하십시오.

골로새서 4:1-2

주인 된 사람들은 하늘에도 자기 주인이 계신다는 것을 알고 종들을 공정하고 정당하게 대우하십시오.
항상 기도에 힘쓰십시오. 기도할 때 정신을 바짝 차리고 하나님께 감사하십시오.

5. 금전 관리와 관련된 성경 말씀

잠언 22:7

부자는 가난한 사람을 다스리고 빚진 사람은 채주의 종이 된다.

잠언 3:9-10

네 재산과 네 모든 농산물의 첫 열매로 여호와를 공경하라.
그러면 네 창고가 가득 차고 포도주 통에 새 포도주가 넘칠 것이다.

히브리서 13:5

돈을 사랑하지 말고 가진 것으로 만족하십시오. 하나님은 '내가 절대로 너를 떠나지 않고 너를 버리지 않겠다.'라고 하셨습니다.

누가복음 14:28-30

너희 중에 누가 망대를 세우려 할 때 먼저 앉아서 그것을 완성할 만한 돈을 가졌는지 비용을 계산해 보지 않겠느냐?
만일 기초공사만 하고 완성하지 못하면 보는 사람들이 모두
'이 사람이 시작만 해 놓고 끝내지 못했군'하고 비웃을 것이다.

누가복음 16:11

너희가 세상 재물을 취급하는 데 성실하지 못하다면 누가 하늘의 참된 재물을 너희에게 맡기겠느냐?

누가복음 12:15

군중을 향해 이렇게 말씀하셨다. '너희는 온갖 욕심을 조심하라. 제아무리 넉넉하다 해도 사람의 생명이 재산에 달려 있는 것은 아니다.'

잠언 10:4

손을 게을리 놀리는 자는 가난하게 되고 손을 부지런히 놀리는 자는 부하게 된다.

잠언 21:20

지혜로운 사람은 앞날을 위해서 저축하지만 미련한 사람은 닥치는 대로 써 버린다.

디모데전서 5:8

누구든지 자기 친척이나 가족을 돌보지 않는 사람은 믿음을 저버린 사람이며 불신자보다 더 나쁩니다.

잠언 13:22

선한 사람은 자기 재산을 후손에게 물려주지만 죄인의 재산은 선한 사람을 위해 쌓인다.

신명기 8:18-20

여러분에게 부유해지는 능력을 주신 분이 여러분의 하나님 여호와이심을 기억하십시오. 여호와께서 이렇게 하시는 것은 여러분의 조상들에게 하신 약속을 오늘날처럼 지키기 위해서입니다.
만일 여러분이 여러분의 하나님 여호와를 잊어버리고 다른 신들을 좇아 섬기며 그것에 절하면 여러분은 반드시 망하고 말 것입니다.
여러분이 여호와께 순종하지 않으면 여호와께서는 다른 민족들과 마찬가지로 여러분도 멸망시키실 것입니다.'

누가복음 14:28
너희 중에 누가 망대를 세우려 할 때 먼저 앉아서 그것을 완성할 만한 돈을 가졌는지 비용을 계산해 보지 않겠느냐?

말라기 3:10
너희는 온전한 십일조를 성전에 바쳐 내 집에 양식이 있게 하고 내가 하늘 문을 열어 쌓을 곳이 없도록 너희에게 복을 쏟아붓나 붓지 않나 나를 시험해 보아라.

로마서 13:8
서로 사랑의 빚을 지는 것 외에는 아무에게도 빚을 지지 마십시오. 남을 사랑하는 사람은 율법을 다 지킨 것입니다.

잠언 13:11
쉽게 얻은 재산은 점점 줄어들고 힘들여 모은 재산은 점점 늘어간다.

마태복음 6:33
너희는 먼저 하나님의 나라와 그의 의를 구하라. 그러면 이 모든 것을 너희에게 덤으로 주실 것이다.

잠언 24:30-34
내가 한때 게으른 자의 밭과 지혜 없는 사람의 포도원을 지나가다가
온통 가시덤불이 덮여 있고 잡초가 무성하며 돌담이 무너져 있는 것을 보고
깊이 생각하는 중에 이런 교훈을 얻었다.
'좀 더 자자. 좀 더 졸자. 손을 모으고 좀 더 쉬자.'하는 자에게는
가난이 강도처럼 갑자기 밀어닥치고 빈곤이 군사처럼 몰려올 것이다.

마태복음 6:19-21

너희는 보물을 땅에 쌓아 두지 말아라. 땅에서는 좀먹고 녹슬어 못 쓰게 되고 도둑이 뚫고 들어와 훔쳐 가기도 한다.
너희는 보물을 하늘에 쌓아 두어라. 그곳은 좀먹거나 녹스는 일이 없으며 도둑이 들어와 훔쳐 가지도 못한다.
네 보물이 있는 곳에 네 마음도 있다.

잠언 10:22

여호와께서 복을 주시기 때문에 사람이 부하게 되는 것이지 노력만 한다고 해서 부자가 되는 것은 아니다.

잠언 28:22

이기적인 사람은 재산을 모으는 데 급급하지만 가난이 자기에게 밀어닥칠 것을 모르고 있다.

잠언 22:1

많은 재물보다 명예를 택하고 은이나 금보다 은총을 택하라.

전도서 5:10

돈을 사랑하는 자가 그 돈으로 만족을 얻지 못하고 부유하기를 바라는 자가 그 수입으로 만족을 얻지 못하니 이것도 헛된 것이다.

디모데전서 6:10

돈을 사랑하는 것이 온갖 악의 뿌리가 됩니다. 이것을 가지려고 열망하는 사람들이 믿음에서 떠나 방황하다가 많은 고통을 당하고 마음의 상처를 입습니다.

잠언 11:4

재물은 심판 날에 아무 쓸모가 없어도 정직은 생명을 구한다.

마태복음 25:14-30

또 하늘나라는 여행을 떠나면서 종들을 불러 자기 재산을 맡긴 사람과 같다.
주인은 각 사람의 능력에 따라 한 사람에게는 다섯 달란트를, 또 한 사람에게는 두 달란트를, 다른 한 사람에게는 한 달란트를 각각 맡기고 여행을 떠났다.
다섯 달란트 받은 사람은 곧 가서 그것으로 장사하여 다섯 달란트를 더 벌었고 두 달란트 받은 사람도 두 달란트를 더 벌었다.
그러나 한 달란트 받은 사람은 가서 땅을 파고 주인의 돈을 묻어 두었다.
오랜 후에 주인이 돌아와 그들과 셈을 하게 되었다.
다섯 달란트 받은 사람이 다섯 달란트를 더 가지고 와서 '주인님, 제게 다섯 달란트를 맡기셨는데 보십시오, 다섯 달란트를 더 벌었습니다.'하고 말하였다.
그래서 주인이 그에게 '잘하였다. 착하고 충실한 종아, 네가 작은 일에 충실하였으니 내가 너에게 많은 일을 맡기겠다. 너는 주인의 기쁨에 참여하여라.'하였다.
두 달란트 받은 사람도 와서 '주인님, 제게 두 달란트를 맡기셨는데 보십시오, 두 달란트를 더 벌었습니다.'하고 말하였다.
그래서 주인은 그에게도 '잘하였다. 착하고 충실한 종아, 네가 작은 일에 충실하였으니 내가 너에게 많은 일을 맡기겠다. 너는 주인의 기쁨에 참여하여라.'하였다.
…

잠언 6:6-8

게으른 자여, 개미에게 가서 그 하는 일을 보고 지혜를 얻어라.
개미는 두목이나 지도자나 감독관이 없어도
여름 동안에 부지런히 일하여 추수 때에 겨울철에 먹을 양식을 모은다.

마태복음 6:21
네 보물이 있는 곳에 네 마음도 있다.

빌립보서 4:12
나는 비천에 처할 줄도 알고 풍부에 처할 줄도 압니다. 어떠한 경우에도 배고픔과 풍부와 궁핍에 대처하는 비결을 배웠습니다.

잠언 11:28
자기 재산을 의지하는 사람은 가랑잎처럼 떨어질 것이지만 의로운 사람은 푸른 잎사귀처럼 번성할 것이다.

잠언 28:20
성실한 사람은 풍성한 복을 받아도 부자가 되려고 서두르는 사람은 형벌을 면치 못할 것이다.

빌립보서 4:19
나의 하나님이 그리스도 예수님 안에서 영광 가운데 그 풍성한 대로 너희 모든 쓸 것을 채우시리라.

잠언 19:17
가난한 사람을 돕는 것은 여호와께 빌려주는 것이니 여호와께서 그의 선행을 반드시 갚아 주실 것이다.

잠언 13:4
게으른 자는 원하는 것이 있어도 얻지 못하지만 부지런한 사람은 원하는 것을 풍족하게 얻는다.

디모데전서 6:6

그러나 만족하는 마음으로 경건하게 사는 사람에게 신앙은 큰 유익이 됩니다.

시편 37:21

악인은 돈을 빌려 쓰고도 갚지 않지만 의로운 사람은 은혜를 베풀고 주기를 좋아한다.

잠언 22:9

남에게 주는 것을 아까워하지 않고 가난한 사람과 음식을 나눠 먹는 자는 복을 받을 것이다.

잠언 21:5

신중한 계획으로 성실하게 일하면 부유하게 되고 조급하게 굴면 가난하게 된다.

디모데전서 6:17-19

그대는 이 세상의 부자들에게 교만하거나 곧 없어질 재물에 희망을 두지 말고 오직 하나님께 희망을 두라고 가르치시오. 하나님은 우리에게 모든 것을 넘치게 주셔서 누리게 하십니다.

그리고 그들에게 선을 행하고 선한 일에 부요하며 나눠 주기를 좋아하고 남의 어려움을 깊이 동정하는 사람이 되라고 가르치시오.

이것이 그들의 장래를 위해 좋은 터를 쌓는 것이며 그렇게 함으로써 그들은 영원한 생명을 얻게 될 것입니다.

누가복음 6:38

주어라. 그러면 너희도 받을 것이니 너희에게 누르고 흔들어 넘치게 부어 주실 것이다. 너희가 남에게 되어 주는 것만큼 되돌려 받을 것이다.'

잠언 23:4

부자가 되려고 너무 애쓰지 말고 자제하는 지혜를 가져라.

잠언 21:17

쾌락을 좋아하는 사람은 가난하게 되고 술과 사치를 좋아하는 사람도 부하게 되지 못한다.

잠언 18:11

부자들은 그들의 재산을 태산처럼 믿고 그것이 자기들을 보호해 줄 것으로 알고 있다.

신명기 28:12

또 하늘 문을 열어서 철따라 단비를 내려 곡식이 잘 되게 하시고 여러분이 하는 모든 일에 복을 주실 것입니다. 그러면 여러분이 많은 민족에게 빌려주기는 해도 빌리지는 않을 것입니다.

잠언 22:26-27

너는 남의 빚보증을 서지 말아라.
만일 네가 그 빚을 대신 갚아 줄 수 없을 경우에는 네 잠자리까지 빼앗기게 될 것이다.

고린도후서 9:8

하나님은 여러분이 모든 일에 항상 풍족하여 선한 일을 많이 할 수 있도록 여러분에게 모든 은혜를 넘치게 주실 수 있습니다.

잠언 22:16

자기 사욕을 위해서 가난한 사람을 학대하는 자와 부자에게 뇌물을 주는 자는 가난하게 될 것이다.

잠언 14:23-24
열심히 일하면 수입이 있어도 잡담만 하고 앉아 있으면 가난하게 된다.
지혜로운 사람의 재물은 면류관과 같아도 미련한 자의 소유는 어리석음 뿐이다.

잠언 6:6-11
게으른 자여, 개미에게 가서 그 하는 일을 보고 지혜를 얻어라.
개미는 두목이나 지도자나 감독관이 없어도
여름 동안에 부지런히 일하여 추수 때에 겨울철에 먹을 양식을 모은다.
게으른 자여, 네가 언제까지 누워 있을 작정이냐? 언제나 네가 깨어서 일어나겠느냐?
'좀 더 자자. 좀 더 졸자. 손을 모으고 좀 더 쉬자.'하면
네가 자는 동안에 가난이 강도같이 너에게 찾아들 것이다.

시편 37:16-17
의로운 사람의 적은 소유가 악인의 많은 재물보다 더 가치가 있다.
여호와께서 악인의 힘은 빼앗고 의로운 사람은 돌보시기 때문이다.

출애굽기 22:25
너희가 내 백성 가운데 가난한 동족에게 돈을 빌려주거든 너희는 그에게 빚쟁이처럼 굴지 말며 이자를 받지 말아라.

말라기 3:8-9
사람이 하나님의 것을 도둑질할 수 있느냐? 그러나 너희는 나의 것을 도둑질하고서도 '우리가 어떻게 주의 것을 도둑질하였습니까?'하고 말한다. 너희는 나에게 돌아올 십일조와 예물을 도둑질하였다.
너희 온 나라가 나의 것을 도둑질하였으므로 너희가 저주를 받았다.

야고보서 5:1-6

부요한 사람들이여, 여러분은 닥쳐올 불행을 생각하고 울고 통곡하십시오.
여러분의 재물은 썩었고 옷은 벌써 좀먹었습니다.
그리고 금과 은이 녹슬었으니 그 녹이 여러분에게 증거가 되어 불같이 여러분의 살을 먹을 것입니다. 여러분은 세상 마지막 때에 재물을 쌓아 두었습니다.
여러분이 일꾼들에게 주지 않은 품삯이 소리치고 있으며 추수한 일꾼들의 부르짖는 소리를 전능하신 주 하나님이 들으셨습니다.
여러분은 이 세상에서 사치와 쾌락을 누리며 잡혀 죽을 날을 눈앞에 두고도 욕심만을 채워 왔습니다.
그리고 여러분에게 대항하지도 않은 죄 없는 사람에게 누명을 씌워 죽였습니다.

잠언 12:24

부지런한 자는 사람을 다스려도 게으른 자는 종살이를 면치 못한다.

잠언 10:2

부정한 방법으로 얻은 재물은 아무 유익이 없어도 정직은 생명을 구한다.

레위기 19:13

너희는 다른 사람을 학대하거나 남의 것을 강탈하지 말고 너희가 고용한 품꾼의 삯은 그 날로 지불하고 하룻밤을 넘기지 말아라.

잠언 23:4-5

부자가 되려고 너무 애쓰지 말고 자제하는 지혜를 가져라.
재물은 사라지는 법, 독수리처럼 날개가 돋쳐 날아가 버릴 것이다.

누가복음 3:14

군인들도 와서 '우리는 무엇을 해야 합니까?'하고 물었다. 그때 요한은 그들에게

‘남의 것을 강제로 빼앗거나 이유 없이 다른 사람을 고소하지 말고 자기가 받는 봉급을 만족하게 여겨라.’하고 대답하였다.

고린도후서 9:6-8

적게 뿌리는 사람은 적게 거두고 많이 뿌리는 사람은 많이 거둔다는 사실을 기억하십시오.
각자 마음에 작정한 대로 바치고 아까워하거나 억지로 하지 마십시오. 하나님은 기쁜 마음으로 내는 사람을 사랑하십니다.
하나님은 여러분이 모든 일에 항상 풍족하여 선한 일을 많이 할 수 있도록 여러분에게 모든 은혜를 넘치게 주실 수 있습니다.

잠언 15:27

부정 이득을 탐하는 자는 자기 가족에게 해를 끼치지만 뇌물을 싫어하는 자는 살 것이다.

빌립보서 4:11-13

내가 가난하기 때문에 이런 말을 하는 것이 아닙니다. 나는 어떤 형편에서도 스스로 만족하는 법을 배웠습니다.
나는 가난하게 사는 법도 알고 부유하게 사는 법도 압니다. 배가 부르건 고프건 부유하게 살건 가난하게 살건 그 어떤 경우에도 스스로 만족하게 생각하는 비결을 배웠습니다.
나에게 능력 주시는 분 안에서 나는 모든 것을 할 수 있습니다.

잠언 28:8

비싼 이자를 받아 자기 재산을 늘리는 사람은 결국 가난한 자를 불쌍히 여기는 사람을 위해 재물을 쌓는 것이다.

잠언 16:8

정직하게 번 적은 수입이 부정하게 번 많은 수입보다 낫다.

잠언 22:4

겸손하고 여호와를 두려운 마음으로 섬기면 부와 명예를 얻고 장수하게 된다.

6. 금전 청지기에 관련된 성경 말씀

신명기 16:17
여러분의 하나님 여호와께서 복을 주신 정도에 따라 예물을 가져와서 드리십시오.

고린도후서 9:7
각자 마음에 작정한 대로 바치고 아까워하거나 억지로 하지 마십시오. 하나님은 기쁜 마음으로 내는 사람을 사랑하십니다.

누가복음 6:36
주어라. 그러면 너희도 받을 것이니 너희에게 누르고 흔들어 넘치게 부어 주실 것이다. 너희가 남에게 되어 주는 것만큼 되돌려 받을 것이다.'

말라기 3:8-10
사람이 하나님의 것을 도둑질할 수 있느냐? 그러나 너희는 나의 것을 도둑질하고서도 '우리가 어떻게 주의 것을 도둑질하였습니까?'하고 말한다. 너희는 나에게 돌아올 십일조와 예물을 도둑질하였다.
너희 온 나라가 나의 것을 도둑질하였으므로 너희가 저주를 받았다.
너희는 온전한 십일조를 성전에 바쳐 내 집에 양식이 있게 하고 내가 하늘 문을 열어 쌓을 곳이 없도록 너희에게 복을 쏟아붓나 붓지 않나 나를 시험해 보아라.

누가복음 12:15

군중을 향해 이렇게 말씀하셨다. '너희는 온갖 욕심을 조심하라. 제아무리 넉넉하다 해도 사람의 생명이 재산에 달려 있는 것은 아니다.'

고린도전서 4:1-5

그렇다면 사람들은 마땅히 우리를 그리스도의 일꾼이며 하나님의 비밀을 맡은 사람으로 여겨야 합니다.
이런 것을 맡은 사람에게 요구되는 것은 충성된 자로 인정을 받는 것입니다.
나는 여러분이나 다른 어떤 사람에게 판단 받는 것을 대수롭지 않게 생각하며 나도 나 자신을 판단하지 않습니다.
내가 양심에 가책을 받는 일은 없지만 그렇다고 죄가 없는 것은 아닙니다. 오직 나를 판단하시는 분은 주님이십니다.
그러므로 여러분은 최후의 심판 때까지 아무것도 판단하지 말고 주님이 오실 때까지 기다리십시오. 주님이 오시면 어둠 속에 감추어진 것을 밝혀내고 사람들의 마음속 생각을 드러내실 것입니다. 그때에는 각 사람이 하나님께 칭찬을 받을 것입니다.

잠언 21:20

지혜로운 사람은 앞날을 위해서 저축하지만 미련한 사람은 닥치는 대로 써 버린다.

히브리서 7:5-9

제사장 직분을 받은 레위 사람들은 같은 동족인 아브라함의 후손에게서 10분의 1을 받도록 율법이 규정하고 있습니다.
그러나 멜기세덱은 레위 사람의 족보에 들지 않았는데도 아브라함에게서 10분의 1을 받았고 하나님의 약속을 받은 아브라함을 축복해 주었습니다.
일반적으로 축복은 웃사람이 아랫사람에게 하는 것입니다.

제사장들도 10분의 1을 받았고 멜기세덱도 10분의 1을 받았으나 제사장들은 죽을 사람이고 멜기세덱은 성경이 증거한 대로 영원히 살아있습니다.
그리고 십일조를 받았던 레위도 아브라함을 통해 10분의 1을 멜기세덱에게 바쳤다고 할 수 있습니다.

마태복음 6:20
너희는 보물을 하늘에 쌓아 두어라. 그곳은 좀먹거나 녹스는 일이 없으며 도둑이 들어와 훔쳐 가지도 못한다.

마태복음 25:14-30
또 하늘나라는 여행을 떠나면서 종들을 불러 자기 재산을 맡긴 사람과 같다.
주인은 각 사람의 능력에 따라 한 사람에게는 다섯 달란트를, 또 한 사람에게는 두 달란트를, 다른 한 사람에게는 한 달란트를 각각 맡기고 여행을 떠났다.
다섯 달란트 받은 사람은 곧 가서 그것으로 장사하여 다섯 달란트를 더 벌었고 두 달란트 받은 사람도 두 달란트를 더 벌었다.
그러나 한 달란트 받은 사람은 가서 땅을 파고 주인의 돈을 묻어 두었다.
오랜 후에 주인이 돌아와 그들과 셈을 하게 되었다.
다섯 달란트 받은 사람이 다섯 달란트를 더 가지고 와서 '주인님, 제게 다섯 달란트를 맡기셨는데 보십시오, 다섯 달란트를 더 벌었습니다.'하고 말하였다.
그래서 주인이 그에게 '잘하였다. 착하고 충실한 종아, 네가 작은 일에 충실하였으니 내가 너에게 많은 일을 맡기겠다. 너는 주인의 기쁨에 참여하여라.'하였다.
…

누가복음 16:1-3
예수님이 제자들에게 이렇게 말씀하셨다. '어떤 부자에게 재산 관리인 하나가 있었다. 주인은 그가 자기 재산을 낭비한다는 소문을 듣고
그를 불러 물었다. '내가 너에 대해서 들은 소문이 도대체 어떻게 된 것이냐? 더

이상 내가 너에게 재산을 맡길 수 없으니 지금까지 네가 맡아 하던 일을 다 정리하라.'
그러자 그는 속으로 이렇게 중얼거렸다. '내가 일자리를 빼앗기게 생겼으니 어떻게 하면 좋을까? 땅을 파자니 힘이 없고 빌어먹자니 부끄럽고.

마태복음 6:25

그러므로 내가 너희에게 말한다. 너희 생명을 위해 무엇을 먹을까, 무엇을 마실까, 너희 몸을 위해 무엇을 입을까 걱정하지 말아라. 생명이 음식보다 더 중요하고 몸이 옷보다 더 중요하지 않느냐?

누가복음 21:1-4

예수님은 부자들이 헌금하는 것과 가난한 과부가 렙돈 두 푼을 넣는 것을 보시고 이렇게 말씀하셨다. '내가 분명히 말하지만 이 가난한 과부가 다른 모든 사람보다 더 많이 헌금하였다.
그들은 모두 넉넉한 데서 헌금하였으나 이 과부는 가난한 중에서도 자기 생활비 전부를 바쳤다.'

잠언 22:7

부자는 가난한 사람을 다스리고 빚진 사람은 채주의 종이 된다.

잠언 13:11

쉽게 얻은 재산은 점점 줄어들고 힘들여 모은 재산은 점점 늘어간다.

마태복음 23:23

율법학자들과 바리새파 사람들아, 너희 위선자들에게 불행이 닥칠 것이다. 너희는 박하와 회향과 근채의 십일조는 바치면서 율법 가운데 더 중요한 정의와 자비와 믿음은 저버렸다. 그러나 십일조도 바치고 이것도 버리지 말았어야 했다.

베드로전서 4:10

여러분이 각자 받은 은혜의 선물이 무엇이든 간에 하나님의 여러 가지 은혜를 맡은 선한 관리인답게 서로를 섬기는 데 그것을 사용하십시오.

잠언 13:22

선한 사람은 자기 재산을 후손에게 물려 주지만 죄인의 재산은 선한 사람을 위해 쌓인다.

히브리서 13:5

돈을 사랑하지 말고 가진 것으로 만족하십시오. 하나님은 '내가 절대로 너를 떠나지 않고 너를 버리지 않겠다.'라고 하셨습니다.

마가복음 12:41-44

예수님은 헌금함 맞은편에 앉아서 사람들이 헌금하는 것을 보고 계셨다. 여러 부자들이 와서 저마다 많은 돈을 넣는데

한 가난한 과부는 렙돈 두 푼 곧 한 고드란트를 넣었다.

그러자 예수님은 제자들을 가까이 불러 말씀하셨다. '내가 분명히 말하지만 이 가난한 과부가 헌금함에 돈을 넣은 다른 모든 사람보다 더 많이 헌금하였다.

그들은 모두 넉넉한 데서 헌금하였으나 이 과부는 가난한 중에서도 자기 생활비 전부를 바쳤다.'

누가복음 10:7

너희는 한집에 머물면서 주인이 주는 것을 먹고 마셔라. 일꾼이 자기 품삯을 받는 것이 마땅하다. 너희는 이집 저집 옮겨 다니지 말아라.

마태복음 6:24

아무도 두 주인을 섬길 수 없다. 그렇게 되면 한편을 미워하고 다른 편을 사랑하

든가 아니면 한편에게는 충성을 다하고 다른 편은 무시하게 될 것이다. 너희는 하나님과 재물을 함께 섬길 수 없다.

마태복음 6:19

너희는 보물을 땅에 쌓아 두지 말아라. 땅에서는 좀먹고 녹슬어 못 쓰게 되고 도둑이 뚫고 들어와 훔쳐 가기도 한다.

신명기 8:18

여러분에게 부유해지는 능력을 주신 분이 여러분의 하나님 여호와이심을 기억하십시오. 여호와께서 이렇게 하시는 것은 여러분의 조상들에게 하신 약속을 오늘날처럼 지키기 위해서입니다.

사도행전 20:35

이처럼 내가 모든 일에 모범을 보였으니 여러분도 '주는 것이 받는 것보다 복이 있다.'는 주 예수님의 말씀을 기억하고 열심히 일하여 약한 사람들을 도우십시오.'

누가복음 12:48

모르고 매 맞을 짓을 한 종은 적게 맞을 것이다. 누구든지 많이 받은 사람에게 많이 요구할 것이며 많이 맡은 사람에게 많이 내놓으라고 할 것이다.

누가복음 12:33

너희는 가진 것을 팔아 가난한 사람들을 도와주고 너희 자신을 위해 낡아지지 않는 주머니를 만들어라. 그것은 없어지지 않는 보물을 하늘에 쌓아 두는 것이다. 그곳은 도둑이 가까이하는 일도 없고 좀 먹는 일도 없다.

마태복음 6:33-34

너희는 먼저 하나님의 나라와 그의 의를 구하라. 그러면 이 모든 것을 너희에게 덤으로 주실 것이다.

그러므로 내일 일을 걱정하지 말아라. 내일 일은 내일 걱정할 것이오. 한 날의 괴로움은 그 날의 것으로 충분하다.'

마태복음 6:19-21

너희는 보물을 땅에 쌓아 두지 말아라. 땅에서는 좀먹고 녹슬어 못 쓰게 되고 도둑이 뚫고 들어와 훔쳐 가기도 한다.

너희는 보물을 하늘에 쌓아 두어라. 그곳은 좀먹거나 녹스는 일이 없으며 도둑이 들어와 훔쳐 가지도 못한다.

네 보물이 있는 곳에 네 마음도 있다.

시편 37:21

악인은 돈을 빌려 쓰고도 갚지 않지만 의로운 사람은 은혜를 베풀고 주기를 좋아한다.

디모데전서 6:17-19

그대는 이 세상의 부자들에게 교만하거나 곧 없어질 재물에 희망을 두지 말고 오직 하나님께 희망을 두라고 가르치시오. 하나님은 우리에게 모든 것을 넘치게 주셔서 누리게 하십니다.

그리고 그들에게 선을 행하고 선한 일에 부요하며 나눠 주기를 좋아하고 남의 어려움을 깊이 동정하는 사람이 되라고 가르치시오.

이것이 그들의 장래를 위해 좋은 터를 쌓는 것이며 그렇게 함으로써 그들은 영원한 생명을 얻게 될 것입니다.

디모데전서 6:10

돈을 사랑하는 것이 온갖 악의 뿌리가 됩니다. 이것을 가지려고 열망하는 사람들이 믿음에서 떠나 방황하다가 많은 고통을 당하고 마음의 상처를 입습니다.

고린도전서 4:1-2

그렇다면 사람들은 마땅히 우리를 그리스도의 일꾼이며 하나님의 비밀을 맡은 사람으로 여겨야 합니다.

이런 것을 맡은 사람에게 요구되는 것은 충성된 자로 인정을 받는 것입니다.

누가복음 16:10

작은 일에 성실한 사람은 큰일에도 성실하고 작은 일이 정직하지 못한 사람은 큰일에도 정직하지 못하다.

마태복음 6:1-4

'너희는 사람들에게 보이려고 일부러 선한 일을 하지 않도록 조심하라. 그렇지 않으면 너희가 하늘에 계신 너희 아버지에게서 상을 받지 못한다.

네가 불쌍한 사람을 도울 때 위선자들이 사람들의 칭찬을 받으려고 회당과 길거리에서 하듯 나팔을 불지 말아라. 내가 분명히 말해 두지만 그들은 받을 상을 이미 다 받았다.

너는 불쌍한 사람을 도울 때 오른손이 하는 것을 왼손이 모르게 하여

너의 착한 행실이 남의 눈에 띄지 않게 하라. 그러면 은밀히 보시는 네 아버지께서 갚아주실 것이다.'

전도서 5:10

돈을 사랑하는 자가 그 돈으로 만족을 얻지 못하고 부유하기를 바라는 자가 그 수입으로 만족을 얻지 못하니 이것도 헛된 것이다.

잠언 28:27

가난한 자를 보살피는 사람은 부족한 것이 없어도 가난한 자를 못 본 체하는 사람은 많은 저주를 받을 것이다.

잠언 15:27

부정 이득을 탐하는 자는 자기 가족에게 해를 끼치지만 뇌물을 싫어하는 자는 살 것이다.

잠언 3:9

네 재산과 네 모든 농산물의 첫 열매로 여호와를 공경하라.

신명기 8:17-19

여러분은 여러분의 힘과 능력으로 부유해졌다고 생각해서는 안 됩니다.

여러분에게 부유해지는 능력을 주신 분이 여러분의 하나님 여호와이심을 기억하십시오. 여호와께서 이렇게 하시는 것은 여러분의 조상들에게 하신 약속을 오늘날처럼 지키기 위해서입니다.

만일 여러분이 여러분의 하나님 여호와를 잊어버리고 다른 신들을 좇아 섬기며 그것에 절하면 여러분은 반드시 망하고 말 것입니다.

누가복음 16:9

내가 너희에게 말한다. 너희는 자신을 위해 세상 재물로 친구를 사귀라. 그러면 그것이 없어질 때 그들이 너희를 영원한 집으로 맞아들일 것이다.

누가복음 16:10-13

작은 일에 성실한 사람은 큰일에도 성실하고 작은 일이 정직하지 못한 사람은 큰일에도 정직하지 못하다.

너희가 세상 재물을 취급하는 데 성실하지 못하다면 누가 하늘의 참된 재물을 너희에게 맡기겠느냐?
또 너희가 남의 것에 성실하지 못하다면 누가 너희 것을 너희에게 주겠느냐?
한 종이 두 주인을 섬길 수는 없다. 그렇게 되면 한 편을 미워하고 다른 편을 사랑하든가 아니면 한 편에게는 충성을 다하고 다른 편은 무시하게 될 것이다. 너희는 하나님과 재물을 함께 섬길 수 없다.'

누가복음 14:28-30
너희 중에 누가 망대를 세우려 할 때 먼저 앉아서 그것을 완성할 만한 돈을 가졌는지 비용을 계산해 보지 않겠느냐?
만일 기초공사만 하고 완성하지 못하면 보는 사람들이 모두
'이 사람이 시작만 해 놓고 끝내지 못했군'하고 비웃을 것이다.

잠언 22:26-27
너는 남의 빚보증을 서지 말아라.
만일 네가 그 빚을 대신 갚아줄 수 없을 경우에는 네 잠자리까지 빼앗기게 될 것이다.

잠언 22:9
남에게 주는 것을 아까워하지 않고 가난한 사람과 음식을 나눠 먹는 자는 복을 받을 것이다.

잠언 21:5
신중한 계획으로 성실하게 일하면 부유하게 되고 조급하게 굴면 가난하게 된다.

잠언 20:10
저울과 되를 속이는 자를 여호와께서는 미워하신다.

잠언 16:8

정직하게 번 적은 수입이 부정하게 번 많은 수입보다 낫다.

잠언 11:4

재물은 심판 날에 아무 쓸모가 없어도 정직은 생명을 구한다.

잠언 11:1

저울 눈금을 속이면 여호와께서 미워하시고 정직하게 달면 그가 기뻐하신다.

잠언 3:9-10

네 재산과 네 모든 농산물의 첫 열매로 여호와를 공경하라.
그러면 네 창고가 가득 차고 포도주 통에 새 포도주가 넘칠 것이다.

레위기 27:30

곡식이든 과일이든 농산물의 10분의 1은 나 여호와의 것이다.

창세기 14:20

그대에게 승리를 주신 가장 높으신 하나님이 찬양 받으시기 원하노라'고 하였다. 그리고 아브람은 자기가 되찾아 온 모든 전리품의 10분의 1을 멜기세덱에게 주었다.

빌립보서 4:19

나의 하나님이 그리스도 예수님을 통해 영광 가운데서 그의 풍성함으로 여러분에게 필요한 모든 것을 넘치게 채워 주실 것입니다.

로마서 13:8

서로 사랑의 빚을 지는 것 외에는 아무에게도 빚을 지지 마십시오. 남을 사랑하는 사람은 율법을 다 지킨 것입니다.

마태복음 19:21

'네가 완전한 사람이 되려면 가서 네 재산을 다 팔아 가난한 사람들에게 주어라. 그러면 네가 하늘에서 보물을 얻을 것이다. 그리고 와서 나를 따르라.'

잠언 28:8

비싼 이자를 받아 자기 재산을 늘리는 사람은 결국 가난한 자를 불쌍히 여기는 사람을 위해 재물을 쌓는 것이다.

잠언 23:4-5

부자가 되려고 너무 애쓰지 말고 자제하는 지혜를 가져라.
재물은 사라지는 법, 독수리처럼 날개가 돋쳐 날아가 버릴 것이다.

잠언 22:16

자기 사욕을 위해서 가난한 사람을 학대하는 자와 부자에게 뇌물을 주는 자는 가난하게 될 것이다.

요한일서 2:15-17

여러분은 세상이나 세상에 속한 것들을 사랑하지 마십시오. 누구든지 세상을 사랑하면 그 사람에게는 하나님 아버지에 대한 사랑이 없습니다.
세상에 있는 모든 것, 곧 육신의 정욕과 눈의 욕심과 삶에 대한 자랑은 모두 아버지에게서 나온 것이 아니라 세상에서 나온 것입니다.
이 세상도 그것에 대한 욕망도 다 지나가지만 하나님의 뜻을 행하는 사람은 영원히 삽니다.

7. 대출과 관련된 성경 말씀

출애굽기 22:25
너희가 내 백성 가운데 가난한 동족에게 돈을 빌려주거든 너희는 그에게 빚쟁이처럼 굴지 말며 이자를 받지 말아라.

잠언 22:7
부자는 가난한 사람을 다스리고 빚진 사람은 채주의 종이 된다.

누가복음 6:34-35
너희가 다시 받을 생각으로 사람들에게 빌려준다면 무슨 칭찬을 받겠느냐? 죄인들도 되돌려 받을 줄 알면 빌려준다.
그러나 너희는 원수를 사랑하고 그들에게 친절을 베풀며 아무것도 바라지 말고 빌려주어라. 그러면 너희가 큰 상을 받을 것이며 하나님의 아들이 될 것이다. 그 분은 은혜를 모르는 사람과 악한 사람들에게도 인자하시다.

시편 37:21
악인은 돈을 빌려 쓰고도 갚지 않지만 의로운 사람은 은혜를 베풀고 주기를 좋아한다.

레위기 25:35-37
만일 너희 동족 가운데 너무 가난하여 먹고살 길이 막연한 자가 있거든 너희는 그를 도와 갈 곳 없는 나그네처럼 여겨 한 집에 데리고 살아라.

너희는 너희 하나님을 두려워하며 그 사람을 형제처럼 여기고 그에게 빌려준 돈에 대해서도 이자를 받지 말아라.
너희는 그에게 이자를 받을 셈으로 돈을 빌려주지 말고 밥을 먹여 준다고 해서 무슨 이득을 바라서도 안 된다.

로마서 13:8

서로 사랑의 빚을 지는 것 외에는 아무에게도 빚을 지지 마십시오. 남을 사랑하는 사람은 율법을 다 지킨 것입니다.

시편 15:5

돈을 빌려주고도 이자를 받지 않으며 뇌물을 받고 죄 없는 자를 해치지 않는 자니 이런 자들은 영원히 흔들리지 않으리라.

마태복음 5:42

네게 요구하는 사람에게 주고 꾸어 달라는 사람에게 거절하지 말아라.

신명기 23:19-20

여러분은 같은 이스라엘 사람에게 돈이나 양식이나 그 밖에 어떤 것을 빌려주고 이자를 받지 마십시오.
여러분이 외국인에게는 이자를 받을 수 있으나 여러분의 동족에게 이자를 받아서는 안 됩니다. 여러분이 동족에게 이자를 받지 않으면 여러분의 하나님 여호와께서 여러분이 들어가 차지할 땅에서 여러분이 하는 모든 일에 복을 주실 것입니다.

잠언 19:17

가난한 사람을 돕는 것은 여호와께 빌려주는 것이니 여호와께서 그의 선행을 반드시 갚아주실 것이다.

누가복음 6:38

주어라. 그러면 너희도 받을 것이니 너희에게 누르고 흔들어 넘치게 부어 주실 것이다. 너희가 남에게 되어 주는 것만큼 되돌려 받을 것이다.'

잠언 28:8

비싼 이자를 받아 자기 재산을 늘리는 사람은 결국 가난한 자를 불쌍히 여기는 사람을 위해 재물을 쌓는 것이다.

디모데전서 6:10

돈을 사랑하는 것이 온갖 악의 뿌리가 됩니다. 이것을 가지려고 열망하는 사람들이 믿음에서 떠나 방황하다가 많은 고통을 당하고 마음의 상처를 입습니다.

시편 112:5

남에게 아낌없이 빌려주며 자기 일을 정직하게 수행하는 자에게는 모든 일이 잘 될 것이다.

에스겔 18:8-9

또 그가 이자를 받지 않고 돈을 꾸어 주며 악한 일을 거절하고 사람과 사람 사이를 공정하게 판단하며

내 명령에 순종하고 네 법을 조심스럽게 지킨다면 그 사람이야말로 의로운 사람이다. 그는 분명히 살 것이다. 이것은 나 여호와의 말이다.

신명기 8:18

여러분에게 부유해지는 능력을 주신 분이 여러분의 하나님 여호와이심을 기억하십시오. 여호와께서 이렇게 하시는 것은 여러분의 조상들에게 하신 약속을 오늘날처럼 지키기 위해서입니다.

디모데전서 6:17-19

그대는 이 세상의 부자들에게 교만하거나 곧 없어질 재물에 희망을 두지 말고 오직 하나님께 희망을 두라고 가르치시오. 하나님은 우리에게 모든 것을 넘치게 주셔서 누리게 하십니다.
그리고 그들에게 선을 행하고 선한 일에 부요하며 나눠 주기를 좋아하고 남의 어려움을 깊이 동정하는 사람이 되라고 가르치시오.
이것이 그들의 장래를 위해 좋은 터를 쌓는 것이며 그렇게 함으로써 그들은 영원한 생명을 얻게 될 것입니다.

에스겔 22:12

그뿐만 아니라 네 가운데는 사람을 죽이려고 뇌물을 받은 자도 있으며 이자를 받아 이익을 남기고 자기 이웃을 착취한 자도 있으니 그들은 다 나를 잊어버렸다. 이것은 나 주 여호와의 말이다.

신명기 15:6-8

여러분의 하나님 여호와께서 약속하신 대로 여러분에게 복을 주셔서 여러분이 많은 나라에 돈을 빌려주기는 해도 빌리지는 않을 것이며 여러분이 여러 나라를 통치하는 일은 있어도 지배받는 일은 없을 것입니다.
여러분의 하나님 여호와께서 여러분에게 주신 땅의 어느 성에서든지 여러분 가운데 가난한 사람이 있으면 그를 너무 인색하게 대하지 말고
그에게 필요한 것을 빌려주십시오.

잠언 22:26-27

너는 남의 빚보증을 서지 말아라.
만일 네가 그 빚을 대신 갚아 줄 수 없을 경우에는 네 잠자리까지 빼앗기게 될 것이다.

잠언 3:27-28

선을 베풀 능력이 있거든 그것을 필요로 하는 자에게 베풀기를 주저하지 말며 너에게 가진 것이 있으면 네 이웃에게 '갔다가 다시 오너라. 내일 주겠다.'라고 말하지 말아라.

잠언 11:15

남의 보증을 서는 사람은 쓰라린 고통을 당하여도 남의 보증 서기를 거절하는 사람은 평안하다.

느헤미야 5:10

나와 내 형제들과 그리고 나와 함께 있는 사람들도 백성들에게 돈과 곡식을 빌려주고 있습니다만 이제 그 이자를 받지 않도록 합시다.

신명기 28:12

또 하늘 문을 열어서 철따라 단비를 내려 곡식이 잘 되게 하시고 여러분이 하는 모든 일에 복을 주실 것입니다. 그러면 여러분이 많은 민족에게 빌려주기는 해도 빌리지는 않을 것입니다.

출애굽기 22:14

어떤 사람이 자기 이웃에게 짐승을 빌려 왔는데 임자가 없는 동안에 그 짐승이 상처를 입거나 죽으면 그는 그 손해를 반드시 배상해야 한다.

잠언 17:18

남의 빚보증을 서는 자는 지혜가 없는 사람이다.

신명기 15:7-8

여러분의 하나님 여호와께서 여러분에게 주신 땅의 어느 성에서든지 여러분 가

운데 가난한 사람이 있으면 그를 너무 인색하게 대하지 말고
그에게 필요한 것을 빌려주십시오.

시편 37:26

그가 항상 다른 사람들에게 은혜를 베풀고 꾸어 주므로 그의 자녀들이 복을 받는다.

에스겔 18:13

돈을 빌려주고 높은 이자를 받는다면 그가 과연 살겠느냐? 결코 살지 못할 것이다. 그가 이 모든 더러운 일을 행하였으므로 반드시 죽을 것이며 그의 죽음에 대한 책임은 그에게 돌아갈 것이다.

레위기 25:36-37

너희는 너희 하나님을 두려워하며 그 사람을 형제처럼 여기고 그에게 빌려준 돈에 대해서도 이자를 받지 말아라.
너희는 그에게 이자를 받을 셈으로 돈을 빌려주지 말고 밥을 먹여 준다고 해서 무슨 이득을 바라서도 안 된다.

8. 금전 문제와 관련된 성경 말씀

히브리서 13:5

돈을 사랑하지 말고 가진 것으로 만족하십시오. 하나님은 '내가 절대로 너를 떠나지 않고 너를 버리지 않겠다.'라고 하셨습니다.

잠언 22:7

부자는 가난한 사람을 다스리고 빚진 사람은 채주의 종이 된다.

디모데전서 6:9-10

부자가 되려고 애쓰는 사람은 시험과 함정에 빠지고 사람을 파멸시키는 여러 가지 어리석고 해로운 욕망에 떨어집니다.

돈을 사랑하는 것이 온갖 악의 뿌리가 됩니다. 이것을 가지려고 열망하는 사람들이 믿음에서 떠나 방황하다가 많은 고통을 당하고 마음의 상처를 입습니다.

요한일서 2:15-17

여러분은 세상이나 세상에 속한 것들을 사랑하지 마십시오. 누구든지 세상을 사랑하면 그 사람에게는 하나님 아버지에 대한 사랑이 없습니다.

세상에 있는 모든 것, 곧 육신의 정욕과 눈의 욕심과 삶에 대한 자랑은 모두 아버지에게서 나온 것이 아니라 세상에서 나온 것입니다.

이 세상도 그것에 대한 욕망도 다 지나가지만 하나님의 뜻을 행하는 사람은 영원히 삽니다.

말라기 3:10
너희는 온전한 십일조를 성전에 바쳐 내 집에 양식이 있게 하고 내가 하늘 문을 열어 쌓을 곳이 없도록 너희에게 복을 쏟아붓나 붓지 않나 나를 시험해 보아라.

고린도후서 9:6-7
적게 뿌리는 사람은 적게 거두고 많이 뿌리는 사람은 많이 거둔다는 사실을 기억하십시오.
각자 마음에 작정한 대로 바치고 아까워하거나 억지로 하지 마십시오. 하나님은 기쁜 마음으로 내는 사람을 사랑하십니다.

잠언 13:21-23
죄인에게는 재앙이 따르고 의로운 사람에게는 축복이 따른다.
선한 사람은 자기 재산을 후손에게 물려주지만 죄인의 재산은 선한 사람을 위해 쌓인다.
가난한 사람의 땅은 많은 양식을 낼 수도 있으나 불의가 그것을 쓸어 가 버린다.

마태복음 6:19-21
너희는 보물을 땅에 쌓아 두지 말아라. 땅에서는 좀먹고 녹슬어 못 쓰게 되고 도둑이 뚫고 들어와 훔쳐 가기도 한다.
너희는 보물을 하늘에 쌓아 두어라. 그곳은 좀먹거나 녹스는 일이 없으며 도둑이 들어와 훔쳐 가지도 못한다.
네 보물이 있는 곳에 네 마음도 있다.

고린도후서 9:6
적게 뿌리는 사람은 적게 거두고 많이 뿌리는 사람은 많이 거둔다는 사실을 기억하십시오.

전도서 5:10

돈을 사랑하는 자가 그 돈으로 만족을 얻지 못하고 부유하기를 바라는 자가 그 수입으로 만족을 얻지 못하니 이것도 헛된 것이다.

누가복음 16:11-12

너희가 세상 재물을 취급하는 데 성실하지 못하다면 누가 하늘의 참된 재물을 너희에게 맡기겠느냐?
또 너희가 남의 것에 성실하지 못하다면 누가 너희 것을 너희에게 주겠느냐?

누가복음 14:28-30

너희 중에 누가 망대를 세우려 할 때 먼저 앉아서 그것을 완성할 만한 돈을 가졌는지 비용을 계산해 보지 않겠느냐?
만일 기초공사만 하고 완성하지 못하면 보는 사람들이 모두
'이 사람이 시작만 해 놓고 끝내지 못했군'하고 비웃을 것이다.

누가복음 16:10-12

작은 일에 성실한 사람은 큰일에도 성실하고 작은 일이 정직하지 못한 사람은 큰일에도 정직하지 못하다.
너희가 세상 재물을 취급하는 데 성실하지 못하다면 누가 하늘의 참된 재물을 너희에게 맡기겠느냐?
또 너희가 남의 것에 성실하지 못하다면 누가 너희 것을 너희에게 주겠느냐?

잠언 21:20

지혜로운 사람은 앞날을 위해서 저축하지만 미련한 사람은 닥치는 대로 써 버린다.

로마서 13:8

서로 사랑의 빚을 지는 것 외에는 아무에게도 빚을 지지 마십시오. 남을 사랑하

는 사람은 율법을 다 지킨 것입니다.

요한복음 10:10
도둑이 오는 것은 양을 훔쳐다가 죽여 없애려는 것뿐이다. 그러나 내가 온 것은 양들이 생명을 얻되 더욱 풍성히 얻도록 하기 위해서이다.

마태복음 6:24
아무도 두 주인을 섬길 수 없다. 그렇게 되면 한편을 미워하고 다른 편을 사랑하든가 아니면 한편에게는 충성을 다하고 다른 편은 무시하게 될 것이다. 너희는 하나님과 재물을 함께 섬길 수 없다.

누가복음 12:15
군중을 향해 이렇게 말씀하셨다. '너희는 온갖 욕심을 조심하라. 제아무리 넉넉하다 해도 사람의 생명이 재산에 달려 있는 것은 아니다.'

디모데전서 6:17-18
그대는 이 세상의 부자들에게 교만하거나 곧 없어질 재물에 희망을 두지 말고 오직 하나님께 희망을 두라고 가르치시오. 하나님은 우리에게 모든 것을 넘치게 주셔서 누리게 하십니다.
그리고 그들에게 선을 행하고 선한 일에 부요하며 나눠 주기를 좋아하고 남의 어려움을 깊이 동정하는 사람이 되라고 가르치시오.

빌립보서 4:12-13
나는 가난하게 사는 법도 알고 부유하게 사는 법도 압니다. 배가 부르건 고프건 부유하게 살건 가난하게 살건 그 어떤 경우에도 스스로 만족하게 생각하는 비결을 배웠습니다.
나에게 능력 주시는 분 안에서 나는 모든 것을 할 수 있습니다.

마가복음 8:36

사람이 온 세상을 얻고도 자기 생명을 잃으면 무슨 유익이 있겠느냐?

잠언 28:20

성실한 사람은 풍성한 복을 받아도 부자가 되려고 서두르는 사람은 형벌을 면치 못할 것이다.

잠언 13:11

쉽게 얻은 재산은 점점 줄어들고 힘들여 모은 재산은 점점 늘어간다.

잠언 10:4

손을 게을리 놀리는 자는 가난하게 되고 손을 부지런히 놀리는 자는 부하게 된다.

마태복음 19:21

'네가 완전한 사람이 되려면 가서 네 재산을 다 팔아 가난한 사람들에게 주어라. 그러면 네가 하늘에서 보물을 얻을 것이다. 그리고 와서 나를 따르라.'

야고보서 5:1-6

부요한 사람들이여, 여러분은 닥쳐올 불행을 생각하고 울고 통곡하십시오.
여러분의 재물은 썩었고 옷은 벌써 좀먹었습니다.
그리고 금과 은이 녹슬었으니 그 녹이 여러분에게 증거가 되어 불같이 여러분의 살을 먹을 것입니다. 여러분은 세상 마지막 때에 재물을 쌓아 두었습니다.
여러분이 일꾼들에게 주지 않은 품삯이 소리치고 있으며 추수한 일꾼들의 부르짖는 소리를 전능하신 주 하나님이 들으셨습니다.
여러분은 이 세상에서 사치와 쾌락을 누리며 잡혀 죽을 날을 눈앞에 두고도 욕심만을 채워 왔습니다.
그리고 여러분에게 대항하지도 않은 죄 없는 사람에게 누명을 씌워 죽였습니다.

디모데전서 6:9-11

부자가 되려고 애쓰는 사람은 시험과 함정에 빠지고 사람을 파멸시키는 여러 가지 어리석고 해로운 욕망에 떨어집니다.

돈을 사랑하는 것이 온갖 악의 뿌리가 됩니다. 이것을 가지려고 열망하는 사람들이 믿음에서 떠나 방황하다가 많은 고통을 당하고 마음의 상처를 입습니다.

그러나 하나님의 사람인 그대는 이런 것들을 피하고 의와 경건과 믿음과 사랑과 인내와 온유함을 추구하시오.

시편 37:21

악인은 돈을 빌려 쓰고도 갚지 않지만 의로운 사람은 은혜를 베풀고 주기를 좋아한다.

잠언 23:4-5

부자가 되려고 너무 애쓰지 말고 자제하는 지혜를 가져라.

재물은 사라지는 법, 독수리처럼 날개가 돋쳐 날아가 버릴 것이다.

잠언 21:25-26

일하기를 싫어하는 게으른 자에게는 욕심, 바로 그것이 죽음이다.

그는 하루종일 더 가지기를 탐하지만 의로운 자는 아낌없이 구제를 베푼다.

고린도후서 9:6-8

적게 뿌리는 사람은 적게 거두고 많이 뿌리는 사람은 많이 거둔다는 사실을 기억하십시오.

각자 마음에 작정한 대로 바치고 아까워하거나 억지로 하지 마십시오. 하나님은 기쁜 마음으로 내는 사람을 사랑하십니다.

하나님은 여러분이 모든 일에 항상 풍족하여 선한 일을 많이 할 수 있도록 여러분에게 모든 은혜를 넘치게 주실 수 있습니다.

참고문헌

막스 디몬트 지음, 이희영 옮김, 『세계 최강성공집단 유대인』, 동서문화사, 2002.

방정열, 『새로운 시편 연구』, 새물결플러스, 2018.

서홍교, 『칸트와 성경』, 한국학술정보, 2015.

안드레아스 쾨스텐베르거 외 공저, 김장복 옮김, 『성경해석학 개론』, 부흥과 개혁사, 2017.

윌리엄 클라인 외 공저, 류호영 역, 『성경 해석학 총론』, 생명의 말씀사, 1997.

이진희, 『유대적 배경에서 본 복음서』, 컨콜디아사, 1997.

_____, 『유대문화를 통해 본 예수님의 비유』, 쿰란출판사, 2001.

이한영, 『구약 어떻게 읽을 것인가』, 성서유니온, 2004.

이홍구, 「세속종교 경제학」, 『Oikonomos』, 여름호, 2020.

존 메이너드 케인스 지음, 정명진 옮김, 『설득의 에세이』, 부글, 2017.

크래그 힐·얼 피츠 공저, 허령 옮김, 『그리스도인의 재정원칙』, 예수님전도단, 2015.

하젤 불록 지음, 류근상 옮김, 『구약선지서 개론』, 크리스챤, 2001.

W. 브루그만 외 공저, 차준희 옮김, 『구약신학과의 만남』, 프리칭아카데미, 2010.

Andrews, David, "Keynes and Christian socialism: Religion and the economic problem," *The European journal of the history of economic thought*, Vol. 24(4), 2017, pp. 958-977.

Barrera, Albino, *Biblical Economic Ethics*, Lexington Books, 2013.

Crenshaw, J. L., "Popular Questioning of the Justice of God in Ancient Israel," *Zeitschrift für die alttestamentliche wissenschaft*, Vol. 82(3), 1970, pp. 380-395.

Ellul, Jacques, *The Technological Society*, trans., John Wilkinson, NY: Knopf, 1964.

_____, *Money and Power*, trans., LaVonne Neff, Downers Grove, Ⅲ.: InterVarsity, 1984.

Ferris, Timothy, *The Whole Shebang: A State-of-the-Universe(s) Report*, NY: Simon & Schuster, 1997.

Finn, Daniel K., *Christian Economic Ethics*, Minneapolis: Fortress Press, 2013.

Haan, Roelf, *The Economics of Honor*, trans., Bert Hielema, Grand Rapids, Eerdmans, 2009.

Harper, Ian and Samuel Gregg, eds., *Christian Theology and Market Economics*, Northhampton, MA: Edward Elgar, 2008.

Hinkelammert, Franz, *The Ideological Weapons of Death: A Theological Critique of Capitalism*, Maryknoll, NY: Orbis, 1986.

Jegen, M. and C. Wilbur, *Growth with Equity: Strategies for Meeting Human Needs*, NY: Paulist Press, 1979.

Keynes, J. M., "Economic Possibilities for Our Grandchildren," in *Essays in Persuasion*, NY: W. W. Norton & Co., 1963.

Longenecker, Bruce and K. Liebengood, eds., *Engaging Economics New Testament Scenarios and Early Christian Reception*, Grand Papids, Michigan/Cambridge, UK: William Eerdmans Publishing Co., 2009.

McCloskey, Dierdre, *If You Are So Smart: the Narrative of Economic Expertise*, Chicago: Univ. of Chicago Press, 1990.

_____, *Bourgeois Equality: How Ideas, Not Capital or Institution enriched the Woeld*, Chicago: Univ. of Chicago Press, 2016.

Minowitz, Peter, *Profits, priests and princes: Adam Smith's emancipation of economics from Politics and Religion*, Stanford: Stanford University Press, 1993.

Naastepad, Th. J. M., *Acht gelijkenissen uit Mattheus en Lukas*, Kampen: Kok, 2nd printing, 1978.

Nelson, Rober H., *Reaching for Heaven on Earth: The Theological Meaning of Economics*, Lanham, MD: Rowman and Littlefield, 1991.

______, *Economics as Religion: From Samuelson to Chicago and Beyond*, University Park: Penn State University Press, 2001.

Oslington, Paul, eds., *Adam Smith as Theologian*, NY: Routledge, 2011.

Ross, I. S., *The life of Adam Smith*, Oxford: Clarendon, 1995.

Schervish, Paul, P. Coutsoukis, and Ethan Lewis, *Gospels of Wealth: How the Rich Portray their Lives*, Westport, Conneticut: Praeger, 1994.

Sedlacek, Tomas, *Economics of Good and Evil*, Oxford: Oxford University Press, 2011.

Tawney, Richard, *Religion and the Rise of Capitalism: A Historical Study*, NY: Hartcout Brace, 1937.

Waterman, A. C., "Economics as Theology: Adam Smith's Wealth of Nations," *Southern Economic Journal*, 68(4), 2002, pp. 907-921.

White, Mark D., *The Oxford Handbook of Ethics and Economics*, Oxford: Oxford University Press, 2019.

White, Robert L., *BIBLICAL ECONOMICS: Economic Myths versus Biblical Values*, Lanham, Maryland: University Press of America, 2006.

Wight, Jonathan B., *Ethics in Economics: an introduction to moral frameworks*, Stanford, California: Stanford University Press, 2015.

찾아보기